각종 듣기 평가 완벽 대비

영어 듣기·발음 절대 매뉴얼

각종 듣기 평가 완벽 대비
영어 듣기·발음 절대 매뉴얼

지은이 유원호
펴낸이 임상진
펴낸곳 (주)넥서스

초판 5쇄 발행 2010년 11월 5일
2판 5쇄 발행 2015년 6월 10일

3판 1쇄 발행 2016년 3월 5일
3판 11쇄 발행 2024년 5월 1일

출판신고 1992년 4월 3일 제311-2002-2호
주소 10880 경기도 파주시 지목로 5
전화 (02)330-5500 팩스 (02)330-5555

ISBN 979-11-5752-605-5 13740

www.nexusbook.com

THE ABSOLUTE

각종 듣기 평가 완벽 대비

영어 듣기·발음 절대 매뉴얼

유원호 지음

넥서스

Intro
들어가는 말

모든 언어는 듣기, 말하기, 읽기, 쓰기 4가지 기능으로 구성되어 있습니다. 이 4가지 기능 중 의사소통의 가장 기본이 되는 것은 듣기입니다. 듣기를 못하면 말하기도 할 수 없습니다. 듣기·말하기는 못하고 읽기·쓰기만 할 수 있다면 영어를 언어로 사용하는 것이 아니겠죠. 그런데 영어를 10년 이상 공부하였는데 듣기가 되지 않는 이유는 무엇일까요? 바로 발음 공부를 소홀히 하였기 때문입니다.

대화를 알아듣지 못해 틀린 듣기 평가 문제의 스크립트(script)를 보고 "왜 내가 이런 쉬운 문장을 알아듣지 못했지? 모르는 단어도 없고 문법도 다 아는 건데……."라고 느낀 적이 있나요? 각 단어가 어떻게 발음되는지를 모르면 문장이 이해되지 않는 것은 당연한 일이죠.

영어발음이 되지 않는 이유는 2가지입니다.

ⓐ 우리말의 소리를 적절하게 사용하지 못한다.
ⓑ 영어에 있는 소리가 우리말에는 없다.

단시간에 영어 듣기·발음에 대한 자신감을 얻으려면 우리말의 소리를 적절히 이용하는 법을 배우는 것이 중요합니다. 많은 사람들이 영어발음에 투자한 시간과 노력만큼의 결실을 보지 못하는 이유는 처음부터 배우기 어려운 우리말에 없는 자음이나 모음을 연습하기 때문이죠.

영어 듣기·발음 절대 매뉴얼

이 책의 목적은 모든 사람들이 원어민과 똑같은 발음을 할 수 있도록 도와주고자 하는 데 있지 않습니다. 특정한 직업을 가진 소수를 제외하곤 그럴 필요도 이유도 없죠. 우리 모두에게 가장 중요한 것은 우리말의 소리를 잘 이용해 원어민뿐만이 아닌 영어를 하는 모든 사람이 이해할 수 있는 발음을 할 수 있는 것입니다. 그러면 들리지 않던 영어가 저절로 들리게 되고, 읽어서 이해가 되는 대화의 문제를 듣기평가에서 틀리는 일은 자연히 없어지게 되죠.

우리말의 소리를 적절하게 사용하지 못하는 이유는 영어와 우리말의 차이점을 제대로 이해하지 못하여 영어와 우리말의 소리는 전혀 다르다는 잘못된 생각을 가지고 있기 때문입니다. 잘못된 인식으로 인해 들리는 소리도 듣지 못하게 되는 것이죠.

Adam과 Atom을 '아담'과 '아톰'으로 읽고, Luke와 look을 똑같이 '룩'으로, 혹은 can을 항상 '캔'으로, pick up을 '피껍'이 아닌 '픽업'으로 발음한다면 우리말에 없는 영어소리를 힘들여 연습하기 이전에 해야 할 것이 있습니다. 먼저 우리말에 있는 소리를 적절하게 사용할 수 있는 원리를 공부하는 것이죠.

이 책은 제가 수년간 미국 MIT와 UCLA 대학에서 영어가 모국어가 아닌 학생들에게 가르쳤던 영어발음 강의를 묶어서 한 권의 책으로 만든 것입

니다. 의사소통에 중요한 단어 강세와 문장 강세, 리듬, 연음 법칙, 발음 축약 등에 중점을 두었고, 자음과 모음은 우리말에 있는 소리와 없는 소리를 구분하여 정리하였습니다. 발음 표기는 가능한 우리말을 사용하였으나, 우리말에 없는 자음과 모음을 표기할 때는 발음기호를 사용하였습니다.

우리말로 표기된 원어민 발음 중에서 색으로 표시된 음절은 강세가 있는 음절이고 작게 쓰여 있는 음절은 작은 소리로 짧게 발음해야 하는 음절입니다. 꼭 알아두어야 할 점들은 법칙(Rule)으로 요약해 놓았고, 각 강의에는 저와 제 학생들 그리고 친구들이 미국에 살면서 틀린 영어발음 때문에 겪었던 웃지 못할 에피소드를 〈앗, 교수도 이런 일이…〉라는 코너를 통해 소개하였습니다.

고등학교 3학년 때 LA로 이민 간 저에게 가장 좋은 발음 선생님은 한국에서 가져간 동아사전이었습니다. 발음 선생님 없이도 지속적으로 발음을 향상시키려면 사전의 발음기호가 우리말의 어떤 소리와 같고 우리말에 없는 소리는 어떻게 발음해야 하는지를 배우는 것이 중요합니다. 물론 사전의 발음기호와 조금 다르게 발음이 되는 단어도 있습니다. 이런 단어들의 발음은 강의마다 설명되어 있는 Rule을 적용하여 익힐 수 있도록 하였습니다. 이 책을 읽고 습득한 정확한 발음기호의 소리에 적절한 Rule을 적용한다면 여러분이 가지고 있는 사전이 어떤 원어민보다도 훌륭한 듣기 · 발음 선생님이 되어 줄 것입니다.

영어 듣기·발음
절대 매뉴얼

끝으로 이 책이 출간되기까지 도와주신 여러분들께 감사의 마음을 전합니다. 2004년 봄학기 MIT에서 저의 〈듣기 · 말하기 · 발음(Listening, Speaking & Pronunciation)〉 수업을 듣고 그해 여름 한국에 나와 넥서스 출판사에 무작정 전화를 걸어 저의 존재를 알려준 동건이, 미국 이민 초창기 시절 어눌했던 제 영어발음을 구제해 주기 위해 무단한 노력을 한 광원이와 보원이, 대학원 시절 끊이지 않는 제 질문에도 끝까지 미소를 잃지 않고 답을 해 주신 〈영어발음 지도〉 수업의 Janet Goodwin 교수님. 그리고 *Teaching Pronunciation: A Reference for Teachers of English to Speakers of Other Languages*를 집필하신 Marianne Celce-Murcia, Donna Brinton, Janet Goodwin 교수님들께 경의를 표합니다. UCLA에서 이 세 분 교수님들의 지도가 없었더라면 저의 경험을 이론에 맞게 체계적으로 설명한 내용을 담고 있는 이 책은 세상의 빛을 보지 못했을 것입니다.

As the great Newton once said, "If I have seen further, it is by standing on the shoulders of giants."

저자 **유원호**

이 책의 구성 및 특징

1

Rule을 꼼꼼이 읽고 발음의 법칙을 익힙니다. Rule만 읽어도 전체 내용을 훑어볼 수 있습니다. 그 뒤 교수님의 상세한 설명을 통해 Rule을 어떻게 적용하는지 알 수 있습니다.

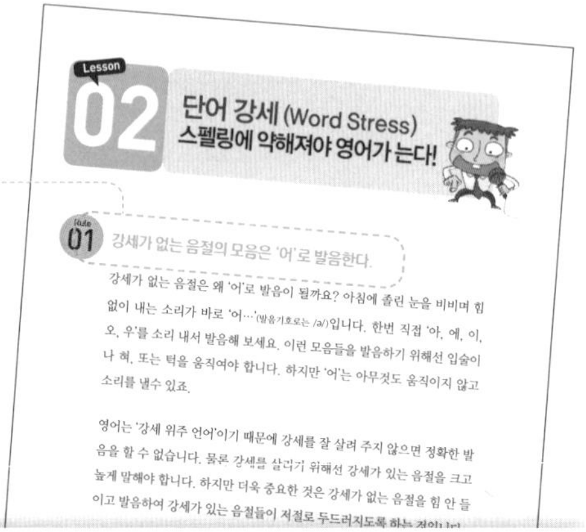

Lesson 02 단어 강세 (Word Stress) 스펠링에 약해져야 영어가 는다!

Rule 01 강세가 없는 음절의 모음은 '어'로 발음한다.

강세가 없는 음절은 왜 '어'로 발음이 될까요? 아침에 졸린 눈을 비비며 힘없이 내는 소리가 바로 '어…'(발음기호로는 /ə/)입니다. 한번 직접 '아, 에, 이, 오, 우'를 소리 내서 발음해 보세요. 이런 모음들을 발음하기 위해선 입술이나 혀, 또는 턱을 움직여야 합니다. 하지만 '어'는 아무것도 움직이지 않고 소리를 낼수 있죠.

영어는 '강세 위주 언어'이기 때문에 강세를 잘 살려 주지 않으면 정확한 발음을 할 수 없습니다. 물론 강세를 살리기 위해선 강세가 있는 음절을 크고 높게 말해야 합니다. 하지만 더욱 중요한 것은 강세가 없는 음절을 힘 안 들이고 발음하여 강세가 있는 음절들이 저절로 두드러지도록 하는 것입니다.

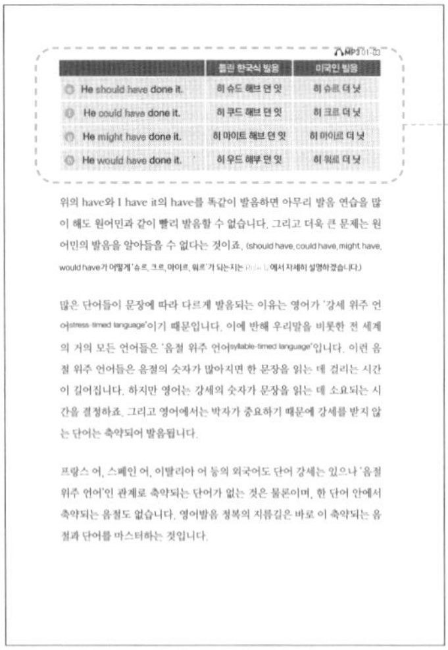

MP3 01-03

	틀린 한국식 발음	미국인 발음
He should have done it.	히 슈드 해브 던 잇	히 슈르 더 닛
He could have done it.	히 쿠드 해브 던 잇	히 크르 더 닛
He might have done it.	히 마이트 해브 던 잇	히 마이르 더 닛
He would have done it.	히 우드 해부 던 잇	히 워르 더 닛

위의 have와 I have it의 have를 똑같이 발음하면 아무리 발음 연습을 많이 해도 원어민과 같이 빨리 발음할 수 없습니다. 그리고 더욱 큰 문제는 원어민의 발음을 알아들을 수 없다는 것이죠. (should have, could have, might have, would have가 어떻게 '슈르, 크르, 마이르, 워르'가 되는지는 Rule 1에서 자세히 설명하겠습니다.)

많은 단어들이 문장에 따라 다르게 발음되는 이유는 영어가 '강세 위주 언어stress-timed language'이기 때문입니다. 이에 반해 우리말을 비롯한 전 세계의 거의 모든 언어들은 '음절 위주 언어syllable-timed language'입니다. 이런 음절 위주 언어들은 음절의 숫자가 많아지면 한 문장을 읽는 데 걸리는 시간이 길어집니다. 하지만 영어는 강세의 숫자가 문장을 읽는 데 소요되는 시간을 결정하죠. 그리고 영어에서는 박자가 중요하기 때문에 강세를 받지 않는 단어는 축약되어 발음됩니다.

프랑스 어, 스페인 어, 이탈리아 어 등의 외국어도 단어 강세는 있으나 '음절 위주 언어'인 관계로 축약되는 단어가 없는 것은 물론이며, 한 단어 안에서 축약되는 음절도 없습니다. 영어발음 정복의 지름길은 바로 이 축약되는 음절과 단어를 마스터하는 것입니다.

2

내 발음과 잘못된 한국식 발음을 비교해 봅니다. 처음에는 음원을 듣지 않고 소설책을 읽듯이 한 번 정독을 하여 영어발음의 전체 흐름을 파악합니다. 그 뒤 무료로 제공되는 음원을 들으며 내 발음이 어떻게 잘못됐는지 확인합니다.

앗! 교수도 이런 적이!
제가 미국에 간 지 갓 일 년이 넘어 도미노 피자(Domino's Pizza)에서 아르바이트를 하
고 있을 때였습니다. TV에서 본 것같이 멋있게 피자를 만들겠다는 부푼 꿈을 안고 있
던 제게 매니저 아저씨는 토핑(topping) 없는 일밖에는 주지 않았습니다. 하지만 저는
좌절하지 않고 곁눈질로 피자 만드는 법을 열심히 배웠습니다.
일을 시작한 지 3개월쯤 된 어느 일요일, 드디어 제게도 기회가 왔습니다. 오늘 주문이
너무 많으니 토핑은 몇 주 전에 시작한 신참에게 대충 맡기고, 피자를 만들 수 있겠냐
고 매니저 아저씨가 제게 묻는 게 아니겠습니까? 흥분을 감추지 못하고 저는 '아이 캔
두 잇'이라고 힘차게 외쳤습니다. 그런데 갑자기 못하면 못했지 왜 소리를 지르냐며
매니저 아저씨가 버럭 화를 내는 것이었습니다. 당황한 저는 'NO, NO, NO, 아이 캔 두
잇!'이라며 더 큰 소리로 말했습니다.
전 그날 잘렸고, 동양인이라고 차별한다며 미워했던 매니저 아저씨……. 2년 후에
야 can이 '큰'으로 발음된다는 것을 알고 제 어리석음을 탓했습니다. '아니에요, 할
수 있어요!'라고 말한다는 것이 'NO, NO, NO' 해 버렸으니, 매니저 아저씨는 완전히
No, I can't do it으로 착각했던 것입니다. 소리만 안 질렀어도 잘리지는 않았을
텐데…….
Breaktime
Can you?
아이 캔 두 잇!
No No No
아이 캔 두 잇!
You're fired!
2년 후
아이 큰 두 잇!
아이 캔 두 잇 = I can't do it.

3 '앗! 교수도 이런 적이!'를 읽으면 잘못된 영어발음이 어떤 상황을 만들 수 있는지 알 수 있습니다. 비슷한 상황을 당하지 않기 위해서 영어발음 연습은 필수!

무료 제공

★ 5가지 학습자료 무료 제공
www.nexusbook.com에서 **영어 듣기·발음** 절대 매뉴얼 로 검색하여 다운받으세요.

동영상강의
서강대 인기 강의를 들을 수 있는 특별한 기회!
유원호 교수님의 생생한 발음 강의를 들어 보세요.

MP3
음원을 듣고, 따라 말하면서
발음을 연습해보세요.

복습문제
문제를 풀면서 공부한 내용을 확인해 보세요.
틀린 문제는 해당 Lesson을 복습!

단어노트
각 Lesson별 단어를 정리하였습니다.
사전을 찾는 번거로움을 덜어 드립니다.

단어퀴즈
주요 단어와 표현들을 제대로 이해했는지 Quiz를
풀면서 실력을 확인해 보세요.

Contents
차례

PART 4

모음 정복 The Vowels

55
Rules

영어듣기·발음 절대 Rule 55가지

LISTENING &PRONUNCIATION MANUAL

PART 1

기초 닦기
The Fundamentals

Lesson

01 영어와 우리말의 차이점

영어와 우리말은 다른 소리도 많지만 같은 소리 또한 많습니다. 미국영어에서 사용되는 자음소리 약 30개 중에서 우리나라 사람이 배워야 할 소리는 8개 정도밖에 되지 않죠. 일본어, 스페인어 등의 많은 언어들이 '아, 에, 이, 오, 우' 5개의 모음밖에 없는 것에 비해 영어는 지방에 따라 12개에서 15개 사이의 모음으로 이루어져 있습니다. 하지만 우리말에도 모음이 많기 때문에 우리나라 사람이 배워야 할 모음은 서너개에 불과합니다. 이 중 정말 배우기 어려운 소리는 /z, ʒ, r, l/의 네 가지 자음과 it, live, ship 등에 쓰이는 단모음 /i/ 하나밖에 없습니다.

그럼, 이렇게 같은 소리가 많음에도 불구하고 왜 우리나라 사람에게 영어발음은 어려운 것일까요?

❶ **첫 번째 이유**는 영어와 우리말의 소리는 완전히 다르다는 잘못된 생각으로 우리말에 있는 소리를 적절히 사용하지 못하기 때문입니다. 이렇게 우리말을 적절히 사용하지 못하는 이유는 알파벳 하나와 우리말 소리 하나를 항상 연관시켜 발음하는 데에 있습니다. 예를 들어보면,

MP3 01-01

	틀린 한국식 발음	영국인 발음	미국인 발음
ⓐ Adam	아담	애덤	애럼
ⓑ Atom	아톰	애텀	애럼

우리나라 사람들이 Adam과 Atom을 '아담'과 '아톰'이라고 발음하는 이유는 a와 o는 항상 '아'와' '오'로 발음하고, d와 t는 항상 '드'와 '트'로 발음하기 때문입니다. 정말 알파벳 글자 하나가 한 소리만으로 발음이 된다면 26개밖에 안 되는 알파벳에서 어떻게 40개가 넘는 자모음 소리가 나올 수 있을까요? (자세한 내용은 Lesson 7 자음의 발음기호와 알파벳과 Lesson 10 모음의 발음기호와 알파벳을 참고하세요.)

이것이 얼마나 잘못된 생각인지는 우리말을 보아도 알 수 있습니다. 영어로 표기되어 있는 지하철역 이름을 유심히 살펴보면 문득 "왜 '종로'를 Jongro가 아니고 Jongno로 표기했을까?" 하는 의문이 들 정도죠. 우리 모두 그렇게 발음을 하면서도 Jongno라고 써 있는 것을 보면 "정말 내가 저렇게 발음하나?" 하는 의구심이 듭니다. 철자와 발음이 다를 수 있다는 것을 잘 보여주는 예죠.

더욱 이상한 것은, 우리말을 영어로 표기할 때는 'Jongno(= 종로)'처럼 발음 위주로 표기를 하면서, 영어를 한국말로 표기할 때는 주로 '아담', '아톰'과 같이 철자 위주로 표기한다는 것입니다. 다른 예를 들어 볼까요?

MP3 01-02

		틀린 한국식 발음	미국인 발음
ⓒ	speak	스피크	ㅅ삑
	steam	스팀	ㅅ띰
	ski	스키	ㅅ끼
ⓓ	happy	해피	해삐
	button	버튼	벋ㅣ은
	chicken	치킨	취낀

ⓐ와 ⓑ의 틀린 한국식 발음은 원어민이 알아들을 수 없습니다. 하지만 ⓒ와 ⓓ의 틀린 한국식 발음은 알아들을 수는 있지만 액센트가 있다고 느껴지는 발음이죠. Lesson 2에서 설명하겠지만 '아담'과 '아톰'을 알아들을 수 없는 이유는 강세가 없는 모음의 발음을 간과하였기 때문입니다. 절대 틀릴 거라 생각하지 못한 '스키', '해피', '버튼' 등의 발음마저 원어민이 들었을 때 액센트가 있다고 느껴지는 이유는 p, t, k는 항상 'ㅍ, ㅌ, ㅋ'로 발음된다는 잘못된 생각을 하고 있기 때문이죠.

알파벳의 모음 a, e, i, o, u가 우리말 '아, 에, 이, 오, 우'로 발음되는 경우도 5% 정도에 지나지 않습니다. 사전의 발음기호를 보면 금방 알 수 있죠. 또 t를 항상 '트'라고 생각하고 있으면 미국사람이 아무리 step을 '스뗍'으로 발음해도 '스텝'으로 들리고, button을 '벋|은'으로 발음해도 '버튼'으로 들릴 것이며, Atom과 Adam을 똑같이 '애럼'으로 발음해도 '아톰'과 '아담'으로 들리고 맙니다.

MIT에서 대학원생들을 위한 발음 수업을 할 때의 일입니다. paper의 처음 p와 두 번째 p가 다르게 발음된다고 설명을 하자, 3년차 박사과정이던 중국인 학생이 자기가 미국에서 3년 동안 살면서 paper의 두 p를 다르게 발음하는 미국사람은 한 명도 없었다고 말하더군요. 혹시 같은 생각을 가지고 있다면 미국 영화나 TV 프로그램을 볼 때 p, t, k의 발음에 신경을 써서 들어보세요. 상상하기 어려울 정도로 많은 단어에서 p, t, k가 'ㅃ, ㄸ, ㄲ'로 발음된다는 것을 깨달을 수 있을 것입니다.

❷ **영어발음이 어려운 두 번째 이유**는 영어발음의 근본을 이해하지 못하여 자음, 모음보다 더 중요한 영어에서만 생기는 특유의 발음 현상을 소홀히 하기 때문입니다. 영어를 제외한 거의 모든 외국어는 단어 하나하나를 잘 발음할 수 있으면, 문장을 읽을 때나 대화를 할 때 그 단어를 빨리 읽거나 말하면 됩니다. 그러나 영어는 단지 단어들을 빨리 읽는 것으로는 되지 않습니다.

MP3 01-03

	틀린 한국식 발음	미국인 발음
ⓔ He should have done it.	히 슈드 해브 던 잇	히 슈르 더 닛
ⓕ He could have done it.	히 쿠드 해브 던 잇	히 크르 더 닛
ⓖ He might have done it.	히 마이트 해브 던 잇	히 마이르 더 닛
ⓗ He would have done it.	히 우드 해부 던 잇	히 워르 더 닛

위의 have와 I have it의 have를 똑같이 발음하면 아무리 발음 연습을 많이 해도 원어민과 같이 빨리 발음할 수 없습니다. 그리고 더욱 큰 문제는 원어민의 발음을 알아들을 수 없다는 것이죠. (should have, could have, might have, would have가 어떻게 '슈르, 크르, 마이르, 워르'가 되는지는 Rule 12에서 자세히 설명하겠습니다.)

많은 단어들이 문장에 따라 다르게 발음되는 이유는 영어가 '강세 박자 언어stress-timed language'이기 때문입니다. 이에 반해 우리말을 비롯한 전 세계의 거의 모든 언어들은 '음절 박자 언어syllable-timed language'입니다. 음절 박자 언어들은 음절의 숫자가 많아지면 한 문장을 읽는 데 걸리는 시간이 길어집니다. 하지만 영어는 강세의 숫자가 문장을 읽는 데 소요되는 시간을 결정하죠. 그리고 영어에서는 리듬이 중요하기 때문에 강세를 받지 않는 단어는 축약되어 발음됩니다.

프랑스 어, 스페인 어, 이탈리아 어 등의 외국어도 단어 강세는 있으나 '음절 박자 언어'인 관계로 축약되는 단어가 없는 것은 물론이며, 한 단어 안에서 축약되는 음절도 없습니다. 영어발음 정복의 지름길은 바로 이 축약되는 음절과 단어를 마스터하는 것입니다.

영어발음을 공부할 때는 두 가지 목표가 있을 수 있습니다.

> ❶ 액센트는 있지만 원어민이 알아들을 수 있는 발음
>
> ❷ 원어민 같은 발음 (= 비원어민 액센트가 없는 발음)

이 책의 Part 1과 Part 2를 공부하고 나면 우리말로도 원어민이 알아들을 수 있는 발음을 할 수 있게 됩니다. 그리고 단어와 문법을 모두 알고도 듣기가 되지 않는 현상도 사라질 것입니다. 하지만 원어민 같은 발음을 가지려면 Part 3와 Part 4의 우리말에 없는 자음과 모음을 모두 습득해야 합니다. 물론 처음에는 어렵겠지만 ❶ 액센트는 있지만 원어민이 알아들을 수 있는 발음을 먼저 터득한 뒤 꾸준한 듣기와 말하기 연습을 병행하면 자신도 모르는 사이에 ❷ 원어민 같은 발음이 될 것입니다. 저도 그랬으니까요.

앗! 교수도 이런 적이!

저의 절친한 친구 중 한 명인 명준이는 군대 제대 후 복학하기 전, 6개월가량을 미국 텍사스 주에 있는 삼촌집에서 머물며 주중에는 어학연수를 하고 주말에는 삼촌의 주유소 일을 도우며 지내고 있었습니다.

그러던 어느 주말, 명준이는 한 백인 청년에게 'Do you have 미역?'이라는 질문을 받았습니다. 너무 황당한 질문에 명준이는 단호하게 'No 미역'이라고 대답했습니다. '아니 아무리 한국사람이 주인이라지만, 주유소에서 웬 미역을 찾아?'라고 생각했기 때문입니다.

그런데 명준이는 다음 주에도, 그 다음 주에도 계속 '미역'을 찾는 미국사람을 만나게 되었습니다. 그러던 어느 날 'How much is this 미역?'이라는 질문을 하는 미국인 손님을 만나게 되었고, 기가 막히게도 손님의 손에서 검은 미역이 아닌 흰 우유를 발견한 명준이.

milk의 발음을 '미역'이 아닌 '밀크'로 가르쳐 주신 중학교 영어 선생님을 원망하였습니다.

Do you have 미역?
미역?
What?
No, 미역!
다음 주
미역!
How much is this 미역?
미역?
미역!
미역?!
MILK

Lesson 02

단어 강세 (Word Stress)
스펠링에 약해져야 영어가 는다!

Rule 01 강세가 없는 음절의 모음은 '어'로 발음한다.

강세가 없는 음절은 왜 '어'로 발음이 될까요? 아침에 졸린 눈을 비비며 힘없이 내는 소리가 바로 '어…'(발음기호로는 /ə/)입니다. 한번 직접 '아, 에, 이, 오, 우'를 소리 내서 발음해 보세요. 이런 모음들을 발음하기 위해선 입술이나 혀, 또는 턱을 움직여야 합니다. 하지만 '어'는 아무것도 움직이지 않고 소리를 낼수 있죠.

영어는 '강세 박자 언어'이기 때문에 강세를 잘 살려 주지 않으면 정확한 발음을 할 수 없습니다. 물론 강세를 살리기 위해선 강세가 있는 음절을 크고 높게 말해야 합니다. 하지만 더욱 중요한 것은 강세가 없는 음절을 힘 안 들이고 발음하여 강세가 있는 음절들이 저절로 두드러지도록 하는 것입니다.

예를 들어 볼까요? 조금 어려운 단어이니 뜻을 모르더라도 **legitimate**을 소리 내서 발음해 보세요. 강세는 두 번째 음절인 gi에 있습니다.

❶ '레지티메이트'라고 발음하셨나요?
❷ 아니면 '레지티메잍'?
❸ 혹시… '레지티마테'?
❹ 정답은 '러쥐러멑'입니다.

영어발음을 우리말로 표현하는 데는 한계가 있으므로 ❹도 미국 원어민 발음과 100% 같지는 않습니다. 하지만 ❶, ❷, ❸은 알아듣지 못해도 ❹는 알아듣습니다. (t가 왜 'ㄹ'가 되는지는 Rule 29를 참고하세요.) 이유는 물론 강세가 없는 음절의 모음을 모두 '어'로 발음했기 때문입니다.

혹시 정말 쉬운 단어의 스펠링도 헷갈려 하는 원어민 선생님을 보고 의아해 했던 경험이 있으신가요? 미국사람들이 보편적으로 스펠링에 약한 이유는 몇 가지 자음의 탓도 있지만 가장 큰 이유는 강세가 없는 모음이 제소리를 못 내고 다 '어'로 죽기 때문입니다. legitimate을 '레쥐티메잍'이나 '레쥐티마테'로 발음하는 한국사람은 절대 스펠링이 헷갈릴 이유가 없겠죠. 하지만 '러쥐러멑'으로 발음하는 원어민은 강세가 없는 모음의 스펠링이 무엇인지 잘 알 수 없는 것이 당연하죠. a, e, i, o, u 모든 모음이 강세가 없을 때는 주로 '어'로 발음되기 때문입니다.

다음 단어들의 첫음절 모음을 비교해 보세요. 모두 색자 모음에 강세가 있습니다.

MP3 02-01

명사		동사 / 형용사	
ⓐ present	프(r)뤠(z)즌트	to present	프(r)뤄(z)젠트
ⓑ atom	애럼	atomic	어타믹
ⓒ contract	칸추(r)뢕트	to contract	큰추(r)뢕트
ⓓ economy	이카너미	economical	에꺼나머껄

'(r)뤠', '(z)즌'과 같은 작은 괄호 안의 알파벳은 우리말로 표기가 되지 않는 소리를 나타냅니다. 그리고 '프', '트'처럼 작게 표기된 것은 음절을 이루지 않는 소리죠. 이런 소리는 음절을 이루는 소리보다 빠르고 작게 발음해야 합니다. present '프(r)뤠(z)즌트'에서 '(r)뤠'와 '(z)즌'만 크게 표기된 이유도 present가 2음절 단어이기 때문이죠. 강세가 있는 음절인 '(r)뤠'는 색자로 표기하였습니다.

우리말 중에 힘이 전혀 안 들어가는 모음은 사실 '어' 외에 하나 더 있습니다. 바로 '으'이죠. 영어에서 '으'는 주로 n 앞에서 나타납니다. ⓐ 첫 번째 보기(명사)에 있는 '즌'과 ⓒ 두 번째 보기(동사)에 있는 '큰'이 좋은 예이죠.

ⓒ 첫 번째 보기(명사)에 있는 '쾍'과 ⓓ 두 번째 보기(형용사)에 있는 '에'와 같이 강세가 없는 모음이 '어'나 '으'로 발음되지 않는 경우도 있습니다. 이런 음절에는 사전을 찾아보면 제2 강세가 표시되어 있습니다.

영어에는 ⓐ, ⓑ, ⓒ, ⓓ와 같이 단어의 쓰임에 따라 강세가 바뀌고, 또 그것에 따라 발음이 바뀌는 단어가 많이 있습니다. 다음 보기들이 좋은 예이죠.

MP3 02-02

	명사	동사
e	record	to record
	rebel	to rebel
	project	to project
	conflict	to conflict
	convict	to convict
	conduct	to conduct
	addict	to addict
	object	to object
	progress	to progress

MP3 02-03

	명사	형용사
f	biology	biological
	athlete	athletic
	history	historical
	trauma	traumatic
	courage	courageous
	Canada	Canadian
	addict	addictive
	period	periodic
	mystery	mysterious

이와 같이 Rule 1을 잘 적용하면 영어발음이 두 배 이상은 향상됩니다. 그런데 이 쉬운 Rule 1을 잘 이용하는 게 결코 쉬운 일이 아닙니다. e와 f의 보기와 같이 규칙적으로 강세가 변하는 단어가 아주 많지는 않기 때문이죠. 예를 들면, control과 patrol이라는 단어는 명사와 동사 모두 두 번째 음절에 강세가 옵니다. e를 연습하고 나면, 영어의 모든 명사는 첫음절에 강세

가 오고 동사는 두 번째 음절에 강세가 오는 것으로 잘못 생각하는 학생들이 가끔 있죠.

Rule 1을 적절히 사용하기 어려운 또 하나의 이유는 어떤 음절에 강세가 오는지 알 수 없는 경우가 많기 때문입니다. 항상 사전을 찾는 것이 현명한 방법이지만, 몇 가지 법칙을 공부하는 것도 도움이 되죠.

❶ 프랑스 어에서 온 접미사는 강세를 받는다.

MP3 02-04

-ese	Chinese	-eer	engineer	-ee	employee
	Japanese		pioneer		grantee
	Vietnamese		volunteer		referee
	Taiwanese		mountaineer		tutee

-oon	cartoon	-ique	unique
	balloon		antique
	platoon		technique
	saloon		critique

❷ -ion으로 끝나는 단어는 -ion 바로 앞에 강세가 온다.

MP3 02-05

-tion	introduction	-sion	conclusion
	condition		permission
	communication		revision
	organization		decision
	civilization		precision
	globalization		explosion
	generalization		discussion
	revolution		inclusion

❸ -ate로 끝나는 단어는 끝에서 세 번째 음절에 강세가 온다.

MP3 02-06

동사		명사/형용사	
	to associate		associate
	to separate		separate
	to graduate		graduate
	to advocate		advocate
	to appropriate		appropriate
	to estimate		estimate
	to subordinate		subordinate
	to duplicate		duplicate
	to differentiate		-
	to procrastinate		-
	to eradicate		-
	to exaggerate		-
	to isolate		-
	to integrate		-
	to innovate		-
	to obligate		-
	-		fortunate
	-		accurate
	-		immediate

❹ -teen으로 끝나는 숫자는 -teen에 강세를 주고, -ty로 끝나는 숫자는 첫음절에 강세를 준다.

MP3 02-07

-teen		-ty	
	thirteen		thirty
	fourteen		forty
	fifteen		fifty
	sixteen		sixty
	seventeen		seventy
	eighteen		eighty
	nineteen		ninety

사전 없이 새로운 단어를 발음해야 할 경우가 있다면, 끝에서 두 번째 음절에 강세를 주고 다른 음절의 모음을 '어'로 발음하세요. 60~70% 정도는 맞을 겁니다. 좋은 예로, 2음절 단어의 대부분이 첫음절에 강세가 있고, 3음절의 외래어는 거의 모두 두 번째 음절에 강세가 옵니다. 2음절의 단어는 첫음절에 강세가 오는 것이 정석이니, 끝에 강세가 오는 단어를 외워 두는 것이 좋겠죠. 한국사람이 자주 틀리는 단어로는 alarm, alert, control, event, patrol, begin 등이 있습니다.

앗! 교수도 이런 적이!

MIT와 Harvard가 있는 Cambridge 시에는 Memorial Dr.라는 큰 길이 Charles 강을 끼고 돕니다. 이 길 주변에 살고 있는 MIT 학생 한 명이 발음 수업 후에 저에게 이런 말을 해 주었습니다. "선생님, 미국사람들 아주 신기하던데요. 그전에 제가 '메모리얼, 메모리얼' 할 때는 전혀 못 알아듣더니, 이제 머모리얼이라고 하니까 금방 알아듣던데요? '메'하고 '머' 별로 차이도 나지 않는데 미국사람들 참 신기하죠?" 이 말을 듣고 저는 이런 생각이 나더군요. "노량진 수산시장에서 '머기'를 찾으면 '메기'를 살 수 있을까?"

Lesson

03 문장 강세 (Sentence Stress)

리듬을 타세요!

영어의 특이한 점 중에 또 하나는 단어뿐만 아니라 문장 전체도 리듬을 탄다는 것입니다. 이것 또한 영어가 '강세 위주 언어'이기 때문입니다. 다음 예문을 통해서 좀 더 자세히 알아보겠습니다. 음원을 들으며 리듬에 맞춰 따라해 보세요.

MP3 03-01

ⓐ	BOYS PLAY GAMES.
ⓑ	The BOYS PLAY GAMES.
ⓒ	The BOYS have PLAYED GAMES.
ⓓ	The BOYS have PLAYED the GAMES.
ⓔ	The BOYS might have PLAYED the GAMES.
ⓕ	The BOYS might have been PLAYING the GAMES.

ⓐ부터 ⓕ까지의 문장들은 공통점이 하나 있습니다. 모두 boys, play, games가 있다는 것이지요. 그럼, 이 세 단어의 공통점은 무엇일까요?

boys, play, games의 공통점은 문장의 '의미'를 전해 주고, 그 외의 단어들은 단지 문장을 문법에 맞게 만들어 주는 '기능'을 한다는 것입니다. 영어의 특유한 리듬은 바로 이들 '의미어'에 강세를 줌으로써 생기는 것이죠. 이 리듬을 잘 타려면 '의미어'는 박자에 맞춰 발음하고, '의미어' 사이에 오는 '기능어'는 꾸밈음같이 빨리 처리해 줘야 합니다.

Rule 02 기능어의 모음은 '어'로 발음한다.

'강세 위주 언어'인 영어는 음악과 같이 음계의 수보다 박자를 더 중요시합니다. 그래서 ⓐ부터 ⓕ까지의 문장은 모두 같은 박자를 갖고 있기 때문에, 읽는 데 소요되는 시간이 거의 같습니다. 그러면 꾸밈음인 '기능어'는 어떻게 해야 될까요? 박자가 틀리지 않게 빨리 말해야 되겠죠.

단어 하나하나를 또박또박 발음한다면, 아무리 말이 빠른 원어민이라도 ⓐ와 ⓕ를 거의 같은 시간에 말하기란 불가능합니다. 그러면 원어민들은 어떻게 박자를 맞출까요? 강세가 없는 모음은 '어'로 발음하면 되고, 또 불필요한 자음을 없애 주면 됩니다. (ⓕ를 어떻게 빨리 발음하는지는 Lesson 4 연음과 Lesson 5 합쳐지는 자음과 없어지는 자음을 공부한 뒤 더 자세히 분석해 보겠습니다.)

Rule 2를 적절히 사용하기 위해선 '의미어'와 '기능어'를 정확히 구별할 수 있어야 합니다.

의미어 = 명사, 본동사(be 동사 제외), 형용사, 부사, 의문사, 부정어

기능어 = 관사, 대명사, 전치사, 접속사, 조동사

다음 문장들을 한번 읽어 보세요. 힌트를 드리자면, 우리말 '캔'으로 발음되는 can은 하나밖에 없습니다. 단어를 발음하기 전에 어느 음절에 강세가 있는지 알아야 하는 것과 같이, 문장을 읽기 전에 어느 단어에 강세가 있는지를 꼭 먼저 확인해야 합니다.

MP3 03-02

g	I can do it.
h	I can't do it.
i	Can you do it?
j	Yes, I can.

g를 자신 있게 '아이 캔 두 잇'이라고 읽으셨나요? can은 조동사이기 때문에 '큰'으로 발음됩니다. Lesson 2에서 설명한 바와 같이 강세 없는 모음이 n 앞에 있기 때문에 '어'가 아닌 '으'가 됐습니다. 대명사인 I도 강세가 없기 때문에 일상회화에서는 '아이'보다는 '아'로 발음됩니다. 전체 문장의 강세는 본동사인 do에 있겠죠. 그래서 g를 읽으면 '아 큰 두 잇'이 됩니다.

g와 h를 구분하기 위해서 can't를 '캔트'라고 읽어서는 안 됩니다. Rule 43에서 더 자세히 알아보겠지만, 원어민들은 '트' 대신 숨을 잠시 멈추고 말죠. 그래서 '아 캔 두 잇'과 비슷하게 발음을 합니다. g I can do it을 '아이 캔 두 잇'으로 읽으면 원어민이 왜 I can't do it으로 알아듣는지 아시겠죠?

can't가 '큰트'로 발음되지 않는 이유는 can't에 의미어인 부정어 not이 포함되어 있기 때문입니다. can't와 do 모두 의미어이지만, 크고 높게 말하는 단어는 문장의 제일 마지막 의미어인 do가 됩니다. can't을 크고 높게 '캔'으로 발음하면 can을 강조한 I CAN do it으로 들리고 맙니다.

MP3 03-03

A I don't understand why you can't do it.

B What do you mean? I CAN do it.

ⓘ Can you do it?과 같이 can이 의문문에 쓰일 때에 바로 우리말 '캔'과 가장 비슷한 발음이 됩니다. ⓙ Yes, I can과 같이 평서문 끝에 쓰여진 can은 비록 조동사일지라도 강세를 받기 때문에 입을 좀 크게 벌리고 '캔'을 길게 발음해야 합니다. Tom Hanks와 Leonardo DiCaprio가 주연한 영화 *Catch Me If You Can*의 can이 '큰'으로 발음되지 않고 '캔'으로 발음되는 것도 같은 이유 때문이지요.

이와 같이 영어발음은 can과 같은 '기능어'가 문장에서 어떻게 발음되는지를 배우는 것이 아주 중요합니다. 명심할 것은 can이 '캔'으로만 발음될 것이라고 생각하고 있으면 아무리 원어민이 '큰'이라고 발음을 해도 '캔'으로 들린다는 것입니다.

다음 보기를 통해 영어의 리듬 타는 연습을 본격적으로 해보겠습니다. 먼저 강세가 없는 음절은 '디', 강세가 있는 음절은 '다'로 적힌 리듬 표기를 크게 소리 내서 연습한 뒤, 음원을 들으며 문장 읽는 연습을 하세요.

MP3 03-04

❶ 디	다	디
I	love	you.
We	stole	it.
You	fooled	me.
They	hate	me.
We	need	you.

MP3 03-05

❷ 다	디	다
Go	to	sleep.
Have	a	beer.
Take	your	time.
Don't	you	dare!
Praise	the	Lord!

MP3 03-06

❸ 디	다	디	다
We	slept	at	home.
She	went	to	France.
I	saw	the	show.
She	took	me	home.
They	missed	the	bus.

MP3 03-07

❹ 디	다	디	디	다
I	thought	it	was	good.
She	gave	me	a	book.
They	found	it	at	home.
We	gave	them	to	John.
A	rose	is	a	rose.

MP3 03-08

❺ 디	다	디	디	다		디
She	went	to	the	sta	-	tion.
He	talked	to	the	prea	-	cher.
You	told	me	to	save		it.
We	left	it	with	All	-	en.
I	told	you	to	stop		him.

MP3 03-09

❻ 디	디		다	디	디	다
We	dis	-	cussed	it	with	Mark.
You	should		go	to	the	beach.
I	can		ask	her	to	leave.
You	could		talk	to	the	boss.
He	re	-	turned	to	his	work.

앗! 교수도 이런 적이!

제가 미국에 간 지 갓 일 년이 넘어 도미노 피자(Domino's Pizza)에서 아르바이트를 하고 있을 때였습니다. TV에서 본 것같이 멋있게 피자를 만들겠다는 부푼 꿈을 안고 있던 제게 매니저 아저씨는 토핑(topping) 얹는 일밖에는 주지 않았습니다. 하지만 저는 좌절하지 않고 곁눈질로 피자 만드는 법을 열심히 배웠습니다.

일을 시작한 지 3개월쯤 된 어느 일요일, 드디어 제게도 기회가 왔습니다. 오늘 주문이 너무 많으니 토핑은 몇 주 전에 시작한 신참에게 대충 맡기고, 피자를 만들 수 있겠냐고 매니저 아저씨가 제게 묻는 게 아니겠습니까? 흥분을 감추지 못하고 저는 '아이 캔 두 잇'이라고 힘차게 외쳤습니다. 그런데 갑자기 못하면 못했지 왜 소리를 지르냐며 매니저 아저씨가 버럭 화를 내는 것이었습니다. 당황한 저는 'NO, NO, NO, 아이 캔 두 잇!'이라며 더 큰 소리로 말했습니다.

전 그날 짤렸고, 동양인이라고 차별한다며 미워했던 매니저 아저씨……. 2년 후에야 can이 '큰'으로 발음된다는 것을 알고 제 어리석음을 탓했습니다. '아니에요, 할 수 있어요!'라고 말한다는 것이 'NO, NO, NO' 해 버렸으니, 매니저 아저씨는 완전히 No, I can't do it으로 착각했던 것입니다. 소리만 안 질렀어도 짤리지는 않았을 텐데…….

Can you?
아이 캔
두 잍!
No No No
아이 캔 두 잇!
You're
fired!
2년 후
아이 큰
두 잇!
아이 캔 두 잇 =
I can't do it.

LISTENING &PRONUNCIATION MANUAL

PART 2

실전 준비
The Real Speech

Lesson 04

연음 (Linking)
내 아이를 pig up해야 한다?

Rule 03 모음으로 시작하는 단어는 전 단어의 끝 자음과 연결해서 읽는다.

MP3 04-01

	틀린 한국식 발음	미국인 발음
ⓐ pick up	픽업	피겁
check in	체크인	췌낀
send out	센드아웃	센다웃
stop it	스톱잇	ㅅ따삣
keep up	킵업	키뻡
kick out	킥아웃	키까웃

ⓐ의 pick up을 '픽 업'이라고 생각하고 읽으면 자신도 모르는 사이에 자연히 '피겁'으로 발음을 하게 됩니다. '픽'의 끝자음 'ㄱ'과 '업'의 모음 '어'가 연음되어 '피겁'으로 발음되는 것이죠. 영어로 쓰면 pig up이 됩니다.

MIT에서 제 수업을 청강하시던 교환 교수님 중 한 분이 하루는 수업 중 "I need to 피겁 my children."이라고 하시며 좀 일찍 가겠다고 하셨습니다. 물론 저는 pick up으로 알아들었죠.

이렇듯 우리말에도 자음과 모음 사이에서는 연음이 저절로 일어납니다. 하지만 우리말에는 단어 끝에 'ㅋ' 발음이 오지 않으므로 pick up과 pig up 모두 '피 겁'으로 발음되는 것이죠. 그런데 원어민은 왜 '피 컵'이 아니고 '피 껍'으로 발음하냐고요? Rule 28에서 다시 공부하겠지만, 강세가 있는 음절의 처음에 오지 않는 p, t, k의 발음은 'ㅃ, ㄸ, ㄲ'가 되기 때문입니다. '팝 업'이라는 컴퓨터 용어도 원어민은 '파 뻡'이라고 발음하죠.

MP3 04-02

	틀린 한국식 발음	미국인 발음
ⓑ picked up	픽트업	픽떱
checked in	첵트인	췍띤
sent out	센트아웃	센따웃
stopped it	스톱트잇	ㅅ땁띳
kept up	켑트업	켑떱
kicked out	킥트아웃	킥따웃

ⓑ의 모든 단어들은 /t/ 소리로 끝이 납니다. 그래서 picked up은 '픽 떱'으로 발음이 되죠. pick up의 발음과 한번 비교해 보세요. 동사의 시제가 현

재인지 과거인지는 '껍'과 '떱'의 차이로 구분이 되죠? 이렇듯 자음과 모음의 연음은 동사의 시제를 구분해 주는 중요한 역할도 합니다.

MP3 04-03

c	pick it up	pass it along	turn it off
	picked it up	passed it along	turned it off
d	fill it out	hand it in	wipe it out
	filled it out	handed it in	wiped it out

pick it up의 발음은 '피 끼 럽'이 되고 picked it up은 '픽 띠 럽'이 됩니다. 왜 picked의 끝자음 소리 /t/는 'ㄸ'으로 발음되는데, it의 /t/는 'ㄹ'로 발음이 될까요? Rule 29에서 자세히 공부하겠지만, t가 두 모음 사이에 오면 'ㄹ'로 발음되기 때문입니다. 현대차 Sonata가 미국에서는 '써나라'로 발음되는 것이 좋은 예입니다.

Rule 04 두 단어가 같은 자음으로 끝나고 시작할 때는 한 단어로 붙여서 발음한다.

ⓔ의 bus stop처럼 두 단어가 같은 자음으로 끝나고 같은 자음으로 시작할 때는 자음을 두 번 발음하지 않고 약간 길게 한 번만 발음합니다. 그래서 bus stop은 '버스 스땁'이 아니고 '버스~땁'으로 발음되죠.

MP3 04-04

ⓔ bus stop	hot tea	bake cakes
gas station	short tower	quick car
class schedule	at twelve	black coat
peace sign	price sign	dark color
bad day	big guy	with three
good deal	big gap	British ship
bad dream	big game	sharp pain

연음은 아니지만 ⓕ처럼 첫 단어의 마지막 자음이 /p, t, k, b, d, g/일 경우에는 이 자음들을 소리 내어 발음하지 않습니다. tap dance를 '태프 댄스'라고 하지 않고 '탭댄스'로 발음하는 것이 좋은 예이죠.

MP3 04-05

ⓕ tap dance	whiteboard	cook dinner
keep quiet	late breakfast	blackboard
stop sign	fat chance	backpack
rob Peter	good plan	big problem
lab technician	bedcover	tag team
cab driver	Good God	gag concert

Rule 05 /iː, ei, ai/ 뒤에 오는 '아'는 '야'로 발음하고 '어'는 '여'로 발음한다.

영어에서 연음은 크게 ❶자음과 모음 사이, ❷자음과 자음 사이, ❸모음과 모음 사이 세 곳에서 발생합니다. 두 단어 사이에서 발생하는 모음과 모음의 연음은 한 단어 안에서도 발생합니다. 예를 들면 idea를 한국인은 '아이디어'라고 발음하지만 미국인은 '아이디야'라고 발음합니다. '야'를 영어론 ya로 표기할 수 있는데 이 y 소리는 장모음 /iː/에서 나온 것입니다. 그래서 어떤 학자들은 아예 장모음 /i/를 /iy/로 표기하기도 합니다.

MP3 04-06

	틀린 한국식 발음	미국인 발음
g idea	아이디어	아이디야
Korea	코리아	커(r)뤼야
Isaiah	이사야	아이(z)제이야
tire	타이어	타이열(r)
fire	파이어	(f)파이열(r)
desire	디자이어	디(z)자이열(r)

제 영어 이름 Isaiah가 '아이(z)제이야'로 발음되는 것은 '(z)제이'의 '이'와 마지막 모음 '아'가 연음이 되어 '야'로 발음되기 때문입니다. 우리나라 사람들이 보통 '타이어'라고 발음하는 tire에서도 '이'와 '어'가 연음이 되어서 '타이열(r)'로 발음되죠.

idea를 '아이디야' 대신 끝에 'r'을 더해 '아이디얼(r)'로 발음하고 Korea는 '커(r)뤼얼(r)'로 발음할 수도 있습니다. 이런 발음은 미국식 발음이 아니고 RP(Received Pronunciation)라는 영국식 발음입니다.

지금 저의 공식적인 이름은 Isaiah입니다. 1996년에 미국 시민권을 취득하면서 이름을 Won Ho Yoo에서 Isaiah WonHo Yoo로 바꿨죠. 이름을 바꾸게 된 데는 여러 가지 이유가 있지만, 제가 처음 이름을 바꿔야 되겠다고 생각한 것은 1993년 2월 미국 육군 부대 훈련소가 있는 알라바마 주(Alabama)로 향하는 비행기 안에서였습니다.

LA에서 같은 비행기를 타고 군부대로 훈련을 떠나는 사람은 저 말고 5명이 더 있었습니다. 서로 통성명을 하던 중 제가 "My name is Won."이라고 하자 백인 한 명이 고개를 갸우뚱하며 제 이름을 다시 묻는 게 아니겠습니까? 미국사람의 이름은 주로 first name, middle name, last name으로 이루어져 있기 때문에 제 이름 '원호'를 단지 'Won'이라고 말한 것이죠. 제가 다시 "Won, my name is Won."이라고 하자 그 친구는 제게 혹시 멕시코사람이냐고 물어보았습니다. '토종 한국사람한테 멕시코사람이냐니… 이건 또 무슨 장난인가?' 전혀 이해가 되지 않았습니다. 좀 넙적한 얼굴 때문에 중국사람이나 몽고사람이냐는 얘기는 들었어도 멕시코사람이냐는 말은 생전 처음이었죠. 나중에 알고 보니 Juan이라는 아주 흔한 멕시코사람 이름이 스페인 어 발음으로 제 이름 '원'과 비슷하더군요.

또, 훈련 담당 하사관(Drill Sergeant) 중에 한 명은 틈만 나면 제 이름을 가지고 놀리곤 했습니다. 하루는 행군을 하던 중 잠깐 쉬고 있을 때 하사관이 저와 한 여자 이등병을 앞으로 나오라고 했습니다. Heather이라는 백인 여자였는데, 영화배우같이 이쁘게 생겨서 그 여자에게 편지 쓰느라 저녁 자유시간을 다 보내는 녀석들이 우리 소대에만 대여섯 명 있을 정도로 인기가 많았죠. 제가 이런 미녀와 같이 앞으로 불려나가자 우리 소대원들은 환호성을 지르며 저와 Heather에게 이목을 집중했습니다.

하사관은 앞으로 나온 저와 Heather을 마주 보게 하고는 Heather에게 제 이름을 물어보라고 하더군요. 그리고 저에게는 한국식으로 성(last name)을 먼저 말하라고 했습니다. 영문을 알 수 없었지만 Heather은 저에게 "What's your name?"이라고 물었고, 전 큰 소리로 "유 원 호"라고 대답했습니다. 그랬더니 전혀 이해할 수 없는 상황이 벌어졌습니다. 하사관은 뭐가 그리 우스운지 배꼽을 잡고 박장대소를 터트렸고, Heather의 얼굴은 벌겋게 달아올랐으며, 몇몇 소대원들도 키득키득 웃기 시작했습니다.

그날 저녁 샤워 후 저와 같은 2층 침대의 아랫칸을 쓰는 친구 Johnson에게 왜 하사관이 제 이름 갖고 그렇게 크게 웃었냐고 물어보았습니다. 이유인즉슨, 제 이름 마지막 글자 'Ho'가 영어로는 'whore(매춘부)'라는 뜻의 은어라는 것이었습니다. Heather이 제 이름을 물었을 때 제가 'You One Ho(너는 매춘부야)'라고 말을 했으니 불쌍한 Heather은 얼굴을 붉힐 수밖에 없었고, 하사관은 유치하게 그게 재미있다고 웃어댄 것이라고 설명해 주었습니다. 참 어처구니가 없었습니다. 남의 이름을 갖고 그따위 유치한 장난을 하다니……. 이 사건을 계기로 전 영어 이름을 가져야겠다고 결심하게 되었죠.

성경을 뒤지면서 좀 흔하지 않은 이름을 찾던 중 Isaiah가 눈에 띄었고, 1996년에 시민권을 따면서 공식 이름을 Isaiah WonHo Yoo로 바꾸게 되었습니다. 그런데 학생들이 제 이름을 제대로 발음하지 못하는 사태가 벌어졌습니다. 2007년 2월, 서강대 신입생 오리엔테이션 때 새내기들에게 제 이름을 가르쳐 줘야 했는데 참 난감하더군요. 그래서 좀 썰렁한 조크로 제 이름을 소개하였습니다. "작년에 영문과에 새로 오신 교수님이 누구야?" "아이... 제야..." ^^;

What's your name?
유 원 호!
HA
HA
HA
HA
?
?
다음 날
You One Ho(= whore)? ㅋㅋ

Lesson

05 합쳐지는 자음과 없어지는 자음

박자에 맞춰 문장의 리듬을 살리기 위해선 적절한 연음과 발음 축약이 절대적으로 필요합니다. 똑같은 두 자음을 한 자음으로 발음하는 연음과는 달리, 다른 두 자음이 한 자음으로 축약되는 경우도 있습니다.

Rule 06 /t, d, s, z/ 소리로 끝나는 단어 뒤에 y로 시작하는 단어가 오면 두 소리를 합쳐 '츄, 쥬, 슈, (ʒ)쥬'로 발음한다.

MP3 05-01

		틀린 한국식 발음	미국인 발음
ⓐ	meet you	미트 유	미 츄
	won't you	온트 유	워운 츄
	can't you	캔트 유	캔 츄
	didn't you	디든트 유	딘 츄
	haven't you	해븐트 유	해(v)븐 츄
ⓑ	need you	니드 유	니 쥬
	would you	우드 유	워 쥬
	could you	쿠드 유	크 쥬
	did you	디드 유	디 쥬

ⓒ	miss you	미쓰 유	미 슈
	kiss you	키쓰 유	키 슈
	bless you	블레쓰 유	블레 슈
ⓓ	close your	클로즈 유얼	클로 (ʒ)죠얼(r)
	is your	이즈 유얼	이 (ʒ)죠얼(r)
	has your	해즈 유얼	해 (ʒ)죠얼(r)

ⓐ에서는 t와 y가 합쳐져 '츄'가 되므로 meet you는 '미츄'가 됩니다. ⓑ에서는 d와 y가 합쳐져 '쥬'가 되므로 need you는 '니쥬'가 되죠. ⓒ의 miss you도 같은 원리를 적용해 '미슈'가 됩니다. '미쓰 유'는 결혼하지 않은 제 여동생을 부를 때 쓰는 말이죠. ⓓ와 같이 /z/와 /y/가 합쳐지면 우리말로는 표기가 안 되는 '쥬'와 비슷한 /ʒ/ 발음이 됩니다. 한국사람들이 발음하기 가장 어려운 소리 중 하나죠. /z/와 /y/가 합쳐져 /ʒ/로 발음되는 경우는 그리 흔하지 않으니 우선 Rule 35에서 자세히 공부하기 전까지는 '쥬'로 발음해도 되겠습니다.

위의 보기를 충분히 연습한 후 다음 페이지의 Missing You(당신을 그리워하며)라는 시를 낭독해 보세요. 감정을 잘 살리려면 리듬을 잘 타야 되는데 '니드 유, 원트 유, 키스 유'와 같은 발음으로는 사랑하는 사람을 애타게 그리워하는 감정이 전달되지 않습니다. Missing You가 누구의 작품이냐구요? 저의 수업 시간에 Rule 6를 복습하던 중 감성이 풍부한(?) 학생들에 의해 자연 발생적으로 만들어진 시입니다.

Missing You
I need you
아이 니 쥬
I want you
아이 원 츄
Close your eyes
클로우 (ʒ)죠얼(r) 아이(z)즈
So I can kiss you
쏘 와이 큰 키 쓔
아원츄,
베이베 ~

Rule 07 /f, v, θ, ð/ 소리로 끝나는 단어 뒤에 y로 시작하는 단어가 오면 두 소리를 합쳐 '(f)퓨, (v)뷰, (θ)뜌, (ð)듀'로 발음한다.

/t, d, s, z/와 마찬가지로 /f, v, θ, ð/ 소리로 끝나는 단어 뒤에 you, your, yours와 같이 y로 시작하는 단어가 오면 두 소리를 합쳐 '(f)퓨, (v)뷰, (θ)뜌, (ð)듀'로 발음합니다. 공교롭게도 /f, v, θ, ð/는 모두 우리말에 없는 자음이므로 Lesson 9 우리말에 없는 자음을 참고하시기 바랍니다.

MP3 05-02

		틀린 한국식 발음	미국인 발음
e	if you	이프 유	이 (f)퓨
	have you	해브 유	해 (v)뷰
	with you	위드 유	위 (θ)뜌
	soothe you	쑤드 유	쑤 (ð)듀
	a. If you need money, I'll give you some.		
	b. Have you ever seen her?		
	c. If you carry this with you, it will soothe your senses.		

Rule 08 /s, z/ 소리로 끝나는 단어 뒤에 sh /ʃ/로 시작하는 단어가 오면 /s, z/는 발음하지 않는다.

Lesson 7에서 다시 배우겠지만, miss you에서와 같이 /s/와 /y/가 합쳐져서 나는 '쉬-' 소리를 발음기호로 표기하면 /ʃ/가 됩니다. 영단어에서 종종 이 '쉬-' 소리 앞에 /s/나 /z/ 소리가 오는 경우가 있습니다. 이럴 때는 간단하게 /s, z/를 발음하지 않습니다. 그러면 화장품 가게 The Face Shop도 '페이스 샾'이 아니고 '(f)페이 샾'이 되겠죠.

MP3 05-03

		틀린 한국식 발음	미국인 발음
f	Face Shop	페이스 샾	(f)페이 샾
	space shuttle	스페이스 셔틀	ㅅ뻬이 셔를
	balance sheet	바란스 쉬트	밸런 쉍
	price shock	프라이스 샥	프(r)롸이 샥
	dress shop	드레스 샾	주(r)뤠 샾
	homeless shelter	홈레스 쉘터	호움레 쉘털(r)
	unless she	언레스 쉬	언레 쉬
	since she	신스 쉬	씬 쉬
	once she	원스 쉬	원 쉬
	of course, she	어브 코스 쉬	어(v)브 코얼(r) 쉬
g	cruise ship	쿠르즈 쉽	크(r)루 쉽
	these ships	디즈 쉽스	(ð)디 쉽ㅅ
	those shops	도즈 샾스	(ð)도우 샾ㅅ
	quiz show	퀴즈 쑈	크위 쑈우
	because she	비코즈 쉬	비커 쉬
	whose shoe	후즈 슈	후 슈

Rule 09 n 뒤에 오는 t는 발음하지 않는다.

연음이나 축약이 되는 자음과는 달리, 아예 사라지는 자음도 있습니다. 좋은 예로 center과 같이 흔히 쓰이는 단어에서 n 뒤에 오는 t가 사라지는 것을 볼 수 있습니다. 미국사람들은 '쎈터'라고 하지 않고 '쎄널(r)'이라고 발음합니다. 그래서 winter과 winner도 똑같이 발음하죠.

MP3 05-04

	틀린 한국식 발음	미국인 발음
h center	쎈터	쎄널(r)
enter	엔터	에널(r)
winter	윈터	위널(r)
hunter	헌터	허널(r)
counter	카운터	캬우널(r)
painter	페인터	페이널(r)
pointer	포인터	포이널(r)
printer	프린터	프(r)뤼널(r)
encounter	인카운터	인캬우널(r)
gentleman	젠틀맨	줴늘먼
dental	덴탈	데널
rental	렌탈	(r)뤠널
mental	멘탈	메널
sentimental	센치멘탈	쎄너메널
fundamental	펀더멘탈	(f)펀더메널
Oriental	오리엔탈	오(r)뤼에널

Internet	인터넷	이널(r)넷
twenty	트웬티	트워니
plenty	플렌티	플레니
county	카운티	캬우니
entertain	엔터테인	에널(r)테인
international	인터내셔날	이널(r)내셔널
painting	페인팅	페이닝
counting	카운팅	캬우닝
accounting	어카운팅	어캬우닝
disappointing	디스어포인팅	디써포이닝
Santa Claus	싼타 크로스	쌔나 클라(z)즈

Rule 10 자음소리 세 개가 뭉쳐 있을 때는 가운뎃소리를 빼고 발음한다.

영어발음이 어려운 또 하나의 이유는, 자음 세 개가 모여 있는 단어가 많기 때문입니다. 세 개의 자음이 단어 끝에 오는 경우도 자주 있죠. 세상의 많은 언어들이 아예 받침을 허용하지 않는 것에 비춰볼 때, 영어는 정말 무책임한(?) 언어라고 볼 수 있습니다. 일본어와 중국어만 보더라도 많은 언어들이 받침을 꺼려 한다는 것을 알 수 있습니다. (참고로 일본어에서는 '잉'으로 발음되는 /ŋ/, 중국어에서는 /ŋ/과 /n/의 소리밖에 받침이 허용되지 않습니다.)

세계 많은 언어들이 받침소리를 허용하지 않고, 또 영어나 우리말과 같이 받침소리가 있는 언어에서 저절로 연음이 발생하는 이유는 모든 언어가 자음으로 시작해 모음으로 끝나는 음절을 선호하기 때문입니다. 어떤 언어든 자음이나 모음끼리 뭉쳐 있는 것을 아주 싫어하죠.

자음 세 개가 뭉쳐 있을 경우에는 가운데 자음을 발음하지 않습니다. 예를 들면 asked /æskt/에서는 k가 빠지고 /æst/로 발음됩니다. 그러면 유명했던 뮤지컬, 영화의 제목 *West Side*는 어떻게 발음될까요? t는 없어지고 똑같은 s 두 개는 연음되어 하나로 발음을 하면 '웨 싸잇'이 되겠죠.

MP3 05-05

	틀린 한국식 발음	미국인 발음
ⓘ asked	애스크트	애스트
exactly	이그잭틀리	익(z)잭끌리
correctly	코렉틀리	커(r)뤡끌리
directly	다이렉틀리	더(r)뤡끌리
perfectly	퍼펙틀리	펄(r)(f)펙끌리
strictly	스트릭틀리	스쮸(r)뤽끌리
restless	레스트레스	(r)뤠슬레스~
ⓘ West Side	웨스트 싸이드	웨 싸잇
must-see	머스트 씨	머 씨
must-read	머스트 리드	머스 (r)뤼드
east section	이스트 섹션	이 섹션
best friend	베스트 프렌드	베스 (f)프렌드
almost complete	올모스트 컴프리트	얼모우스 컴플릿
just right	저스트 라이트	줘스 (r)롸잍
most difficult	모스트 디피컬트	모우스 디(f)피컬트
test condition	테스트 콘디션	테스 컨디션
best defense	베스트 디펜스	베스 디(f)펜스
first lady	퍼스트 레이디	(f)펄(r)슬 레이리
last name	래스트 네임	(을)래스 네임
next week	넥스트 위크	넥스 윅
honest man	오니스트 맨	아너스 맨
biggest pie	비기스트 파이	비기스 파이

Rule 11 기능어 처음에 오는 h는 발음하지 않는다.

왜 I hate him과 같이 간단한 문장에서도 우리나라 사람과 원어민의 발음은 '아이 헤이트 힘'과 '아 헤이 럼'으로 큰 차이가 날까요? I와 him은 대명사이므로 기능어입니다. 그래서 강세는 hate에만 오게 되죠. 강세가 없는 I는 '아'로 발음되고, him의 h는 발음하지 않습니다. 강세가 없는 him의 모음은 '어'로 되고, hate의 t와 연음되어 '럼'이 되는 것입니다. t가 모음 사이에 오면 'ㄹ'로 발음된다는 것도 앞에서 잠시 설명드렸죠? 구어에서는 them 대신 'em이 자주 사용되므로 '아 헤이 럼'은 I hate 'em이 될 수도 있습니다. 'em은 them에서 th가 생략된 것이 아니고 hem(중세영어 3인칭 복수 목적격 대명사)에서 h가 생략된 것입니다.

MP3 05-06

	틀린 한국식 발음	미국인 발음
k I hate him.	아이 헤이트 힘	아 헤이 럼
I asked him.	아이 에스크트 힘	아 애스 떰
I believed him.	아이 빌리브드 힘	아 벌리(v)브 덤
I pushed him.	아이 푸시트 힘	아 프쉬 떰
I caught him.	아이 코트 힘	아 카 럼
I checked him.	아이 체크트 힘	아 췍 떰
I convinced him.	아이 콘빈스트 힘	아 큰(v)빈스 떰
I followed him.	아이 팔로우드 힘	아 (f)팔로우 럼

I killed him.	아이 킬드 힘	아 킬 덤
I met him.	아이 메트 힘	아 메 럼
I found him.	아이 파운드 힘	아 (f)파운 덤
I changed him.	아이 체인지드 힘	아 췌인쥐 덤
I hit him.	아이 히트 힘	아 히 럼
I watched him.	아이 와취트 힘	아 와취 떰
I miss him.	아이 미스 힘	아 미 썸
I wrote her.	아이 로우트 허	아 (r)로우 럴(r)
I told her.	아이 톨드 허	아 톨 덜(r)
I called her.	아이 콜드 허	아 컬 덜(r)
I dumped her.	아이 덤트 허	아 덤 떨(r)
I didn't invite her.	아이 디든 인바이트 허	아 린 인(v)바이 럴(r)
I kissed her.	아이 키스트 허	아 키스 떨(r)
I left her.	아이 레프트 허	알 레(f)프 떨(r)
I lost her.	아이 로스트 허	알 라스 떨(r)
I like her.	아이 라이크 허	알 라이 껄(r)
I love her.	아이 러브 허	알 러 (v)벌(r)
I saved her.	아이 세이브드 허	아 쎄이(v)브 덜(r)
I joined her.	아이 조인드 허	아 조인 덜(r)
I stopped her.	아이 스톱트 허	아 스땁 떨(r)
I taught her.	아이 토트 허	아 타 럴(r)
I thanked her.	아이 쌩크트 허	아 (θ)땡 떨(r)

Rule 12 기능어 끝에 오는 /v/ 소리를 자음 앞에서는 발음하지 않는다.

전치사 of /əv/는 기능어이므로 받침소리인 /v/는 자음 앞에서 발음하지 않습니다. ⓜ의 kind of의 발음이 '카너'가 되는 이유는 n 뒤에 쓰인 d도 종종 t와 마찬가지로 발음하지 않기 때문이죠. 남은 n을 연음하면 '카이 너'가 되고, 빨리 말할 때는 '카너'가 됩니다. I'm의 발음이 '아임'이 아닌 '암'이 되는 것과 같은 이치이죠. 그래서 I'm kind of를 보통 대화에서 발음할 때는 '암카너'가 됩니다. (참고로 off는 of와 달리 /af/로 발음이 됩니다.)

d는 t처럼 n 뒤에서 항상 사라지는 것은 아니며 kind of처럼 자주 쓰이는 단어에서만 없어집니다. 90년대에 유명했던 그룹의 이름 Guns 'N Roses에서 and 대신 'N을 사용한 것도 사용 빈도가 높은 and의 d를 발음하지 않기 때문입니다.

MP3 05-07

		틀린 한국식 발음	미국인 발음
ⓜ	I'm kind of tired.	아임 카인드 오브 타이어드	암 카너 타이열(r)드
	a piece of cake	어 피스 오브 케이크	어 피 써 케잌
	peace of mind	피스 오브 마인드	피 써 마인ㄷ
	tons of money	톤즈 오브 머니	턴 (z)저 머니
	a lot of time	어 라트 오브 타임	얼 라 러 타임
	plenty of time	플렌티 오브 타임	플레니 여 타임
	a waste of time	어 웨이스트 오브 타임	어 웨이ㅅ 떠 타임
ⓝ	one of the	원 오브 더	워 너 (ð)더
	most of the	모스트 오브 더	모우ㅅ 떠 (ð)더
	some of the	섬 오브 더	써 머 (ð)더

many of the	메니 오브 더	메니 여 (ð)더
none of the	넌 오브 더	너 너 (ð)더
rest of the	레스트 오브 더	(r)뤠스 떠 (ð)더
out of the	아우트 오브 더	아우 러 (ð)더

없어지는 자음은 강세가 없는 기능어를 빨리 발음하는 데 긴요하게 쓰이기도 합니다. have가 기능어로 쓰일 때 주로 '어' 또는 '으'로 발음되는 이유가 바로 없어지는 자음들 때문이지요. 그럼 Lesson 3의 ⓕ The **BOYS** might have been **PLAYING** the **GAMES.**에 있는 might have been은 어떻게 발음될까요? '마이 르 빈'으로 발음되겠죠. 기능어인 have에서 h와 v는 없어지고, 강세가 없으므로 모음도 '으'가 됩니다. 여기에 might의 t와 '으'를 연음하면 '르'가 되는 것이지요.

might have been을 천천히 '마이 르 빈'으로 연습하고 있을 때는 '정말 이게 맞는 발음인가?' 하는 생각이 들기도 합니다. 하지만 연음과 발음축약은 영어의 박자를 맞추기 위해 꼭 필요한 것입니다. 영어를 잘하려면 가장 먼저, 그리고 가장 많이 연습을 해야 하는 부분이기도 하죠.

연음에 대한 수업을 할 때면 제가 2000년 가을학기에 박사과정을 시작하면서 UCLA에서 ESL(English as a Second Language)을 가르쳤을 때의 일을 항상 학생들에게 말해 줍니다. 혹시 "UCLA와 같은 명문대학에 왜 ESL 과목이 있을까?"라고 의아해 하시나요? 처음엔 저도 UCLA에 ESL 수업이 있다는 것을 알고 같은 생각을 했었습니다. 제가 학부를 나온 UC버클리에서는 ESL 수업이 없었거든요. 하지만 UCLA나 UC버클리, 또 제가 2006년 가을 서강대로 오기 전까지 3년 동안 교편을 잡고 있었던 MIT 같은 명문대학의 특징은 대학원에 세계 각국에서 온 우수한 유학생들이 많이 있다는 것입니다.

그래서 거의 모든 미국의 유수 대학들은 우리나라에서는 '평생교육원'이라고 하는 Extension School에서 유학생들이 들을 수 있는 영어 수업을 제공합니다. Havard와 UC버클리가 이런 케이스이죠. UCLA처럼 학교 정식 과목으로 제공되는 영어 수업을 수료하지 못하면 학위를 주지 않는 대학도 있는 반면, MIT처럼 영어 수업을 정식 과목으로 제공하되 필수가 아닌 선택 과목으로 정하고 있는 학교도 있습니다.

대학원 유학생들에게 영어를 가르칠 때 가장 많이 쓰이는 영어 교수법의 하나를 '내용 중심 교수법(Content-Based Instruction)'이라고 합니다. 문법을 중요시하는 교수법에서 벗어나, 깊이 있는 내용을 영어 수업 시간에 다뤄 학생들이 지식을 습득하면서 동시에 영어도 자연스럽게 배울 수 있는 기회를 제공해 주는 획기적인 교수법이라고 할 수 있죠. 이 교수법의 시발점인 UCLA에서 제공하는 영어 수업은 물론 Harcard 등의 명문대학교에서 사용하는 영어 수업법이 바로 내용 중심의 영어 수업입니다.

2000년 가을, 제가 UCLA에서 가르치던 영어 수업의 주제는 사회심리학에서 나오는 '방관자 효과(Bystander Effect)'였습니다. 1964년 3월 13일 새벽 3시 15분, 미국 뉴욕 시에서 살고 있던 한 여성이 집으로 돌아가는 퇴근길에서 강도의 칼에 찔립니다(stabbed). 칼에 찔린 여성은 "Oh, my god! He stabbed me! Please help me!"라고 소리쳤고, 근처에 있던 10층짜리 아파트의 불이 켜지기 시작합니다. 켜진 불을 보고 강도는 차를 타고 달아났습니다. 그러나 아파트 불이 모두 꺼지자, 강도는 다시 돌아와 간신히 자신의 아파트까지 기어간 여성을 찾아가 살해하고 맙니다. 마침내 3시 50분에 신고를 받은 경찰은 2분 안에 도착하지만, 싸늘하게 식어가는 시체 한 구만 발견합니다…….

수업 시간에 '방관자 효과'를 설명하려면 다음과 같은 문장을 자주 사용해야 했습니다. 'In an emergency, the victim is unlikely to get help if there are a lot of bystanders(비상사태에서, 목격자가 많으면 피해자가 도움을 얻을 수 있는 확률이 적다).' 그런데 평소 대화에서는 별로 사용하지 않는 in an emergency라는 표현을 발음하는 게 문제였습니다. '인 언 어멀(r)줜씨'라고 말하려고 하니 빨리 되지 않더군요. 처음 몇 번 빨리 말하려고 했을 때 발음이 잘 되지 않아 학생들 앞에서 버벅거렸을 때는 정말 쥐구멍에라도 들어가고 싶은 심정이었습니다.

참담한 마음으로 집으로 돌아온 저는 in an emergency를 연음법칙에 따라 한 음절씩 철저히 분석했습니다. "in의 n이 an의 모음 '어'와 결합하고 an의 n은 emergency의 첫 모음 '어'와 결합되어 '/i nə nə mər dʒən siː/ 이 너 너 **멀**(r) 줜 씨'가 된다. in과 an은 기능어이므로 강세가 없고, emergency에서 강세는 mer에 있으므로 '이 너 너 **멀**(r) 줜 씨'로 발음이 된다."

분석이 끝난 후 저는 음절 하나하나를 천천히 읽으며 연습하였습니다. '이…너…너…멀(r)…줜…씨…' 그런데 한참 연습하다 보니, 정말 이렇게 발음하면 in an emergency가 되는지 의아해지더군요. 그래서 다시 한번 연음법칙에 따라 분석을 하고, 제 분석이 맞다는 것을 확인하고는 다시 연습하기 시작했습니다.

'이…너…너…멀(r)… 줜…씨…', '이··너··너··멀(r)·· 줜··씨··', '이·너·너·멀(r)·줜·씨.', '이너너멀(r)줜씨', '이너너멀(r)줜씨', '이너너멀(r)줜씨', '이너너멀(r)줜씨', '이너너멀(r)줜씨', '이너너멀(r)줜씨', '이너너멀(r)줜씨', '이너너멀(r)줜씨'

30분을 연습한 뒤 **'이너너멀(r)줜씨'**의 발음에 자신이 생기기 시작했습니다. 다음날에도 틈만 나면 계속 '이너너멀(r)줜씨'를 연습했고, 드디어 그 다음날 영어 수업에서는 넘치는 자신감으로 수업을 시작할 수 있었습니다. 하지만 막상 수업 중에는 '이 너 너'가 아닌 '인 언 어'가 나오더군요. 또 버벅거리고 말았습니다. 그렇지 않아도 수업 내용이 우울한데 그날 집에 돌아오는 발걸음이 아주 무겁게 느껴졌습니다.

하지만 포기하지 않고 다시 연습한 결과 일주일 후부터는 자연스럽게 '이너너멀(r)줜씨'로 발음 할 수 있게 되었습니다. 지금 제가 발음 수업 시간에 이 이야기를 하면서 in an emergency를 자연스럽게 발음하면, 학생들은 정말 제가 이 표현을 제대로 발음 못했던 적이 있었냐는 질문을 합니다. 연습의 결과는 참 놀라운 것 같습니다.

이…너…너…멀(ㅏ)…줜…씨
이‥너‥너‥멀(ㅏ)‥줜‥씨
이.너.너.멀(ㅏ).줜.씨.
이너너멀(ㅏ)줜씨
in an emergency
다음날 영어수업
인 언어…
이너너멀줜씨… 이너…
이너너멀줜씨… 이…
이너너멀줜씨…
이…
일주일 후
in an emergency

Lesson 06

억양(Intonation)을 배워 봅시다!

영어의 리듬을 잘 타려면 Lesson 3에서 배운 대로 의미어와 기능어를 잘 파악해 의미어에 강세를 주고 기능어는 줄여서 발음하는 연습을 하면 됩니다. 하지만 영어의 억양은 감정을 나타내는 역할도 하기 때문에, 단지 몇몇의 법칙을 외운다고 해서 습득할 수 있는 것은 아닙니다. 영어를 많이 접해서 자연적으로 익히는 것이 가장 좋은 방법이죠. Lesson 6에서는 가장 중요한 몇몇의 법칙만 살펴보겠습니다.

Rule 13 문장에서 의미상 가장 중요한 단어(주로 문장의 마지막 의미어)를 크고 높게 발음한다.

Lesson 3 문장 강세에서는 모든 의미어가 강세를 받는다고 배웠지만, 한 문장에 있는 모든 의미어를 크고 높게 말할 수는 없습니다. 노래를 부르는 듯한 억양이 나올 테니까요. 따라서 의미상 가장 중요한 단어를 파악하여 그 단어를 크고 높게 말하는 것이 중요합니다.

단어는 이미 알고 있는 것과 새로운 것을 알려 주는 단어로 분류할 수 있습니다. 이 두 종류 중에서 중요한 것은 물론 새로운 것을 알려 주는 단어이겠지요. 그럼 새로운 사실을 알려 주는 단어는 문장 앞쪽과 뒤쪽 중 주로 어디에 나타날까요?

❶ **Isaiah** Hello! You guys havin' a good **time**?

❷ **John** Yes, we **are**. This is a great **party**!

❸ **Isaiah** Yes, it **is**. I certainly didn't expect to see **this** many people here. By the way, my name is **Isaiah**.

❹ **John** Oh, I'm **John**, and this is my friend **Jane**.

❺ **Isaiah** Hi, Jane. Nice to **meet** you.

❻ **Jane** Nice to meet you **too**, Isaiah.

❼ **Isaiah** So, John, what do you **study**?

❽ **John** Oh, what do I **study**? I study **philosophy**.

❾ **Isaiah** Oh, philosophy. What do **you** study, Jane?

❿ **Jane** I study **dance**.

⓫ **Isaiah** **What** do you study?

⓬ **Jane** Dance. Actually, **Korean** dance.

⓭ **Isaiah** Really? Our university has **a dance** department?

⓮ **Jane** Oh, I don't go to school **here**. I just came for the **party**.

⓯ **Isaiah** Oh, I **see**.

⓰ **John** So, what do **you** study?

⓱ **Isaiah** Oh, me? I'm actually a **professor**. I teach **English**.

⓲ **John** What? Are you **serious**? You don't **look** like a professor, though. You look so **young**.

⓳ **Isaiah** Yeah, I **know**. I get that a **lot**. But believe it or **not**, I **am** a professor.

위 대화를 보면, 대명사 I와 You가 문장 앞에 많이 나와 있는 것을 알 수 있습니다. I나 You와 같은 대명사로는 새로운 사실을 알려 줄 수 없겠죠. 그래서 새로운 사실을 알려 주는 단어는 주로 문장 끝에 옵니다. 예를 들어 Line 4에 나온 I'm John이라는 문장에서는 John이 새로운 사실이죠. 몰랐던 이름을 알 수 있으니까요.

문법 책에 흔히 사용되는 John loves Mary와 같은 문장은 자연스러운 대화에선 거의 찾아볼 수 없습니다. 한 문장에 새로운 사실이 너무 많기 때문이죠. 그래서 보통 You know John? He loves Mary와 같은 식으로 말을 합니다.

Rule 14 동일한 문장에서 다른 단어를 강조해 생기는 뜻의 변화에 유의한다.

미국에서는 대형마트에서 장을 보면 bag boy라는 사람이 물건을 봉지에 차근차근 잘 넣어 줍니다. 그리고는 물건을 손님에게 건네주면서 Thank you라고 하죠. 자기가 일하는 마트에서 물건을 사 줘서 고맙다는 인사를 하는 것입니다. 이런 상황에서 You're welcome이라는 대답은 좀 이상합니다. You're welcome은 도움을 준 후에나 쓸 수 있는 표현이기 때문입니다.

오히려 물건을 차근차근 잘 넣어 준 bag boy에게 고맙다는 인사를 해야겠죠. 이럴 때 미국사람들은 주로 you에 강세를 주고 Thank **YOU**라고 대답을 합니다. '제가 오히려 감사합니다'라는 표현이죠.

이렇듯 you라는 단어는 원래 의미를 별로 지니지 않은 대명사로서 강세를 받지 않지만, 상황에 따라 평소에는 강세를 주지 않는 단어에 강세를 줘야 하는 경우도 있습니다.

MP3 06-01

ⓐ I'm **STUD**ying.
ⓑ **I'M** studying.
ⓒ I **AM** studying.

studying에 강세를 준 ⓐ I'm **STUD**ying은 'What are you doing?'에 대한 대답으로 적절한 억양입니다. 반면에 I에 강세를 준 ⓑ **I'M** studying은 'Who's studying?'이라는 질문에 적합한 대답이겠죠. 그럼 어떤 질문에 am에 강세를 주어 ⓒ I **AM** studying이라는 대답을 할 수 있을까요? 'Are you studying?'이라고 생각하는 경우가 많은데 'Are you studying?'에 대한 대답은 ⓐ와 같은 Yes, I'm **STUD**ying입니다. 정답은 'Why aren't you studying?'입니다.

MP3 06-02

a	What are you doing?	I'm **STUD**ying.
b	Who's studying?	**I'M** studying.
c	Why aren't you studying?	I **AM** studying.

이제 앞의 대화 Line 19 'I **am** a professor'에서 왜 am에 강세가 있는지 아시겠죠? '교수같이 보이지 않지만 그래도 교수는 교수입니다'라는 뜻이기 때문입니다. 'I'm a **professor**(나는 교수입니다)'와 똑같은 문장에서 강세 하나만 바꿈으로써 다른 숨은 뜻이 생긴다는 사실이 놀랍지 않은가요?

Rule 15 평서문과 Wh- 의문문은 높이 2에서 시작한 뒤 높이 3에서 1로 떨어지는 억양을 취한다.

Line 1과 Line 2에는 가장 기본적인 Yes-No 의문문과 평서문의 억양이 잘 나타나 있습니다.

MP3 06-03

❶ **Isaiah** Hello! You guys havin' a good **time**?

❷ **John** Yes, we **are**. This is a great **party**!

'You guys havin' a good **time**?'과 같은 Yes-No 의문문은 문장 끝을 올려서 말하고, 'This is a great **party**!'와 같은 평서문은 문장 끝을 내려야겠죠. 목소리의 높낮이에는 4단계가 있습니다. 모든 문장은 높이 2에서 시작을 하죠.

Yes-No 의문문 억양 MP3 06-04

4	아주 높음		
3	높음		time?
2	중간	You guys havin' a good	
1	낮음		

평서문 억양 MP3 06-05

4	아주 높음	
3	높음	par-
2	중간	This is a great
1	낮음	ty.

Line 1의 'You guys havin' a good time?'은 격식을 차리지 않은 구어체에서 흔히 쓰이는 문장의 특징을 세 가지 지니고 있습니다. 첫째는 문장 앞에 문법적으로 필요한 Are을 생략했다는 것이고, 둘째는 2인칭 복수형 '너희들'이라는 뜻으로 남녀 구분 없이 쓰이는 you guys라는 표현을 썼다는 것이죠. 마지막은 having의 끝 자음 g를 뺀 havin'이라는 표현을 썼다는 것입니다. -ing에서 g를 빼고 in으로 발음하는 현상은 회화에서 흔히 쓰이는 doin', takin'과 같은 단어에서도 나타납니다.

MP3 06-06

ⓐ What are you doin'?
ⓑ What are you talkin' about?

'You guys havin' a good **time**?'과 같은 Yes-No 의문문을 틀린 억양으로 말하는 사람은 없습니다. 우리말에서도 의문문의 말끝을 올리니까요. 하지만 평서문을 말할 때(특히 책을 소리 내서 읽을 때) 높이 3부터 시작하여 차츰 목소리가 낮아지며 높이 1로 끝나는 잘못된 억양을 사용하는 경우가 종종 있습니다.

틀린 한국식 억양 MP3 06-07

4	아주 높음	
3	높음	This
2	중간	is a great
1	낮음	party.

Yes-No 의문문과 달리 의문사가 있는 의문문(Wh- 의문문)의 억양은 평서문의 억양과 똑같습니다.

Wh- 의문문 억양 MP3 06-08

4	**아주 높음**					
3	**높음**				stud-	
2	**중간**	What	do	you		
1	**낮음**					y?

Rule 16 메아리 의문문은 모두 Yes-No 의문문처럼 말끝을 올린다.

Line 7과 Line 12 사이에는 'What do you study?'라는 똑같은 질문이 4번 나옵니다. 하지만 모두 각각 다른 억양을 가지고 있죠. Line 7의 'What do you study?'는 Wh- 의문문 억양의 보기처럼 2-3-1의 억양으로 발음됩니다. 그럼 Line 8, Line 9, Line 11에 있는 'What do you study?'는 어떤 억양으로 발음될까요?

MP3 06-09

❼ **Isaiah** So, John, what do you **study**?
❽ **John** Oh, what do I **study**? I study **philosophy**.
❾ **Isaiah** Oh, philosophy. What do **you** study, Jane?
❿ **Jane** I study **dance**.
⓫ **Isaiah** **What** do you study?
⓬ **Jane** Dance. Actually, **Korean** dance.

무엇을 공부하냐는 질문에 John은 'I study philosophy.'라고 대답하기 전에 메아리처럼 'What do I study?'라고 되묻습니다. 대화 중에는 흔한 현상이죠. 이런 질문은 모두 Yes-No 의문문처럼 말끝을 올려서 발음합니다.

메아리 의문문 MP3 06-10

4	아주 높음	
3	높음	study?
2	중간	What do I
1	낮음	

철학을 공부한다는 John의 대답을 듣고 Line 9에서 Isaiah는 똑같은 질문을 you를 강조해 Jane에게 합니다. study보다 Jane을 가리키는 you가 더 중요하기 때문입니다.

강조 의문문 MP3 06-11

4	아주 높음	
3	높음	you
2	중간	What do stud-
1	낮음	y?

Line 9에서 study가 강세를 받지 않는 이유는 이미 이 단어가 Line 7에 나온 단어이기 때문이기도 합니다. 이미 설명드린 대로 문장에서 가장 중요한 단어는 주로 문장 끝의 새로운 의미어인 경우가 많습니다. 하지만 study는 이미 Line 7에서 나온 단어이기 때문에 Line 9에서는 새로운 단어로 간주될 수 없죠. Line 12의 'Dance. Actually, Korean dance'에서 Korean이 강조된 이유도 마찬가지입니다. Line 5와 Line 6에서도 이와 똑같은 현상을 볼 수 있습니다.

MP3 06-12

❺ **Isaiah** Hi, Jane. Nice to **meet** you.

❻ **Jane** Nice to meet you **too**, Isaiah.

Rule 17 반복 의문문은 문장 처음부터 끝까지 높이 3으로 말한다.

Line 10에서 Jane이 무용을 공부한다고 하자 Isaiah는 Line 11에서 다시 똑같은 질문을 What에 강세를 주어 반복해서 물어봅니다. 이와 같이 '못 들었으니 다시 말씀해 주세요'라는 뜻으로 같은 질문을 반복해서 물을 때에는 의문사를 강조해야 합니다. 반복 의문문은 원래 상대방의 대답을 듣지 못했을 때 쓰이지만, 대답을 알아들었더라도 재확인하기 위해서 쓰이기도 합니다.

반복 의문문 MP3 06-13

4	아주 높음	
3	높음	What do you study?
2	중간	
1	낮음	

반복 의문문의 억양에서 또 각별히 주의해야 할 점은, 문장 끝까지 높은 소리를 유지해야 한다는 것입니다. 음원을 들어보면 아시겠지만, What의 발음은 처음부터 높이 3에서 시작하는 것이 아니고 사실 높이 2에서 시작해 높이 3으로 곧바로 올라갑니다. 그리고 문장의 마지막 단어인 study의 끝부분도 약간 올라가죠.

Rule 18 믿기지 않을 때는 목소리를 높이 4까지 올린다.

Line 16에서는 John이 Isaiah에게 you를 강조하여 'What do **you** study?'라고 질문합니다.

MP3 06-14

⑯ **John** So, what do **you** study?

⑰ **Isaiah** Oh, me? I'm actually a **professor**. I teach **English**.

⑱ **John** **What**? Are you **serious**? You don't **look** like a professor, though. You look so **young**.

Isaiah가 뜻밖에 'I'm actually a professor. I teach English'라고 말하자 John은 'What? Are you serious?' 하고 놀랍니다. 이때 'What?'은 어떤 억양으로 발음을 할까요? 'What?'은 최소한 세 가지의 다른 억양으로 말할 수 있습니다.

MP3 06-15

ⓐ I just finished reading a poem. **What? 3-1**

ⓑ I just finished reading a poem. **What? 2-3**

ⓒ I just finished reading a poem. **What? 2-4**

친한 친구가 I just finished reading a poem이라는 말을 했을 때, 이 말을 들은 친구는 세 가지의 다른 억양으로 반응을 보일 수 있습니다. ⓐ처럼 높이 3에서 1로 떨어지는 억양은 '그래? 어떤 시를 읽었어?'라는 뜻을 나타냅니다. ⓑ처럼 높이 2에서 3으로 올라가는 억양은 '지금 뭐라고 그랬어?'라는 뜻입니다. 잘 못 들었으니 다시 한번 말해 달라고 요청하는 것이죠.

반면 ⓒ처럼 높이 2에서 4까지 올라가는 억양으로 말한다면 '뭐라고? 네가 시를 읽어? 너 원래 시 안 좋아하잖아.'라는 뜻의 놀라움을 나타냅니다. Isaiah가 학생이 아니고 교수라는 말에 John도 높이 4까지 올라가는 목소리로 'What?'을 외쳤겠죠.

Rule 19 선택을 요구하는 의문문의 끝부분은 평서문처럼 높이 3에서 1로 내린다.

선택을 요구하는 의문문은 문법적으로 Yes-No 의문문과 같은 형태를 띕니다. 그래서 Yes-No 의문문처럼 선택 의문문도 마지막 단어의 끝을 올려서 발음해야 한다는 잘못된 생각을 가지고 있는 경우가 많습니다. 하지만 선택 의문문의 마지막 단어는 평서문이나 Wh- 의문문처럼 높이 3에서 1로 내려가는 억양을 취합니다.

선택을 요구하는 의문문 MP3 06-16

4	아주 높음					
3	높음		apple		or-	
2	중간	Do you want an		or an		
1	낮음					ange?

마지막 선택인 orange는 평서문처럼 높이 3에서 1로 끝이 납니다. 또 하나 주의해야 할 것은 처음 선택인 apple도 높이 3에서 발음해야 한다는 것이죠. 하지만 or은 다시 높이 2로 내려옵니다. 선택할 수 있는 것이 세 개 이상일 때도 마지막 선택은 높이 3에서 1로, 나머지 선택은 모두 높이 3에서 발음됩니다.

선택을 요구하는 의문문 MP3 06-17

4	아주 높음					
3	높음		Coke, Sprite,		Pep-	
2	중간	Do you want		or		
1	낮음					si?

선택을 요구하는 의문문은 다음과 같이 Wh- 의문문 후에 선택사항을 나열하는 형식을 취할 수도 있습니다.

선택을 요구하는 의문문 MP3 06-18

4	아주 높음					
3	높음		be	Coke		Pep-
2	중간	Which one is			or	
1	낮음		tter?			si?

문장에 or이 있다고 꼭 선택을 요구하는 의문문이 되는 것은 아닙니다. 농구 경기를 마친 후에 친구가 Do you want some Coke or Sprite?이라는 질문을 Yes-No 의문문같이 올라가는 억양으로 물어본다면, '콜라와 사이다 중에서 뭐 마실래?'의 뜻이 아니라 '콜라나 사이다 같은 음료수 좀 마실래?'라는 뜻이 됩니다. 이때 Yes라고 대답하면 친구는 냉장고에 있는 음료수를 아무거나 꺼내 주겠죠.

선택을 요구하지 않는 의문문 MP3 06-19

4	아주 높음		
3	높음		Sprite?
2	중간	Do you want some Coke or	
1	낮음		

하지만 선택을 요구하는 의문문의 억양으로 물어보는 친구에게는 Yes라고 대답하면 안 되겠죠. 사오정 취급을 당하고 맙니다. 2000년 여름에 UCLA로 어학연수 온 학생 중에 한 명이 저에게 아주 강한 인상을 남기고 떠났습니다. 'What do you like about this teacher?(이 선생님의 어떤 점이 좋으세요?)'라는 제 수업에 대한 수강 소감을 묻는 질문에 'Good!'이라고 대답을 했더군요.

사실 저도 미국으로 이민 간 첫해에 이런 사오정 같은 대답을 한 적이 있습니다. 한번은 집에 오는 버스 안에서 한 미국 학생이 저에게 말을 걸었습니다. 제가 빤히 쳐다만 보고 반응이 없자 'Don't you speak English?'라고 물었습니다. 제가 안도의 숨을 내쉬며 'Yes!'라고 대답하자 반가운 얼굴로 그 학생은 저에게 영어로 계속 말을 하더군요.

'영어 못해요?'라고 물어봐서 '네, 못해요'라고 대답을 했음에도 불구하고 계속 얘기를 하는 '참 이상한 놈'을 빤히 쳐다보고 있은 지 5분이 지난 뒤, 영어는 한국말과 반대로 'No(아뇨, 못해요).'로 대답을 해야 된다고 중학교 때 배운 것이 생각났습니다.

이제 억양에 대한 기본적인 것은 모두 배웠으니 Isaiah, John, Jane의 대화를 다시 한번 연습해 보겠습니다. 억양을 표시하는 선에 주의를 기울여 반복해서 연습하시기 바랍니다.

❶ **Isaiah** Hello! You guys havin' a good time?

❷ **John** Yes, we are. This is a great party!

❸ **Isaiah** Yes, it is. I certainly didn't expect to see this many people here. By the way, my name is Isaiah.

❹ **John** Oh, I'm John, and this is my friend Jane.

❺ **Isaiah** Hi, Jane. Nice to meet you.

❻ **Jane** Nice to meet you too, Isaiah.

❼ **Isaiah** So, John, what do you study?

❽ **John** Oh, what do I study? I study philosophy.

❾ **Isaiah** Oh, philosophy. What do you study, Jane?

❿ **Jane** I study dance.

⓫ **Isaiah** What do you study?

⓬ **Jane** Dance. Actually, Korean dance.

⓭ **Isaiah** Really? Our university has a dance department?

⓮ **Jane** Oh, I don't go to school here. I just came for the party.

⓯ **Isaiah** Oh, I see.

⓰ **John** So, what do you study?

⓱ **Isaiah** Oh, me? I'm actually a professor. I teach English.

⓲ **John** What? Are you serious? You don't look like a professor, though. You look so young.

⓳ **Isaiah** Yeah, I know. I get that a lot. But believe it or not, I am a professor.

미국으로 이민 간 지 갓 한 달이 넘어서 저는 제 동생 정호와 함께 집 앞에 있는 패밀리 레스토랑 Denny's에 처음으로 가 봤습니다. 무엇을 먹을까 고민하다 메뉴판에 크게 사진이 나와 있는 스테이크로 결정했습니다. 정말 회화 책에서와 같이 웨이터는 제게 고기를 얼마나 익히기를 원하는지, 또 어떤 종류의 감자를 원하는지를 물었습니다. 저는 책에서 배운 대로 well done과 baked potato를 자신 있게 시켰고, 같이 있던 동생이 저의 훌륭한 레스토랑 회화 솜씨에 놀라움을 감추지 못하고 있던 중, 웨이터가 '쑤뻘샐럳?'이라고 물었습니다.

미국이라 역시 super salad도 있구나 라고 생각한 저는 "오 예스, 아이 원트 수퍼 샐러드"라고 대답했습니다. 그러나 잠깐 어리둥절한 표정을 하던 웨이터가 가져온 것은 조그마한 그릇에 담긴 샐러드… 우리 형제는 왜 이걸 super salad라고 부를까 의아해 했습니다. 나중에 알고 보니, 그때 웨이터가 한 말은 super salad가 아닌 'soup or salad?'였습니다. 선택을 요구하는 의문문과 Yes-No 의문문의 억양의 차이점을 알았더라면 사오정 같은 대답은 하지 않았을 텐데……. 레스토랑 회화를 배울 때는 선택을 요구하는 의문문의 억양을 꼭 연습하시기 바랍니다.

쑤뻘샐럳?
super salad?
오 예스, 아이 원트 수퍼 샐러드.
Soup or Salad?
soup!

LISTENING & PRONUNCIATION MANUAL

PART

3

자음 정복
The Consonants

Lesson 07 자음의 발음기호와 알파벳

영어에는 과연 자음이 몇 개나 있을까요? 알파벳을 세어 보면 21개의 자음이 있지만 사전의 발음기호를 세어 보면 24개입니다. 여기에 사전에 표기되어 있지 않은 'ㅃ, ㄸ, ㄲ, ㄹ' 소리와 '어두운 /l/,' '숨멎는 /t/'를 더하면 영어는 최소 30개의 자음으로 이루어졌다고 볼 수 있습니다. Lesson 1에서도 언급했듯이 이 30개의 자음 중 우리말의 자음으로 낼 수 없는 소리는 8개(v, f, ð, θ, z, ʒ, r, l)에 불과합니다.

30개의 자음 소리를 쉽고 효율적으로 배우기 위해선 먼저 사전의 발음기호를 중심으로 만들어진 다음 페이지의 자음표를 이해하는 것이 중요합니다. 1~7번 번호는 각 자음이 발음되는 장소를 나타냅니다. 예를 들어 4번 열에 함께 속해 있는 /s/와 /t/는 입안의 같은 장소에서 발음되지만 5번 열의 /ʃ/는 /s/와 /t/보다 조금 뒤에서 발음됩니다.

A~F 그룹은 발음되는 방식에 따라 자음을 분류한 것입니다. 예를 들어 A 그룹에 함께 속해 있는 /s/와 /ʃ/는 각각 방울뱀소리나 화장실에서 아이에게 어머님들이 하는 소리와 같이 계속해서 소리를 낼 수 있지만 C 그룹의 /t/는 '트트트트'와 같이 반복하기 전에는 계속해서 소리를 낼 수 없습니다. A, B, C 세 그룹은 유성음과 무성음의 구분이 있는 데 반해 D, E, F 세 그룹은 전부 유성음이라는 것도 유의해야 하죠.

발음기호 오른쪽에는 우리말 자음을 표기했고 우리말 자음이 표기되어 있지 않는 발음기호는 배워야 할 소리입니다. '쮜, ㅃ, ㄸ, ㄲ' 옆에 있는 아래 화살표(↓)는 목소리를 낮춰서 발음하라는 표시입니다

	1 입술	2	3 이	4	5	6	7 목구멍
A 유성 무성		v f	ð θ	z s ㅆ ㅅ	ʒ ʃ 쉬		 h ㅎ
B 유성 무성					dʒ 쮜↓ tʃ 취		
C 유성 무성	b ㅃ↓ p ㅍ ㅃ			d ㄸ↓ ㄹ t ㅌ ㄸ ㄹ		g ㄲ↓ k ㅋ, ㄲ	
D 유성	m ㅁ			n ㄴ		ŋ 잉	
E 유성				밝은 l	r	어두운 l	
F 유성	w				j		

예 /ð/ this; /θ/ think; /s/ city; /ʒ/ garage, usual; /ʃ/ ship;
/dʒ/ jeans, giant; /tʃ/ cheap; /k/ cook, queen; /ŋ/ sing

Rule 20 단어의 끝자음이 유성음일 경우 모음을 길게 발음한다.

God을 우리나라 사람들은 '갓'으로 발음하지만 원어민들은 '가앗'으로 발음합니다. '오 마이 갓'으로 발음하면 원어민들에게는 Oh, My Got으로 들리게 되죠. 그럼 왜 원어민들은 got을 '갓'으로 발음하고 god은 '가앗'으로 발음할까요?

그 이유는 유성음이 단어 끝에 오면 모음을 길게 발음하기 때문입니다. /t/는 무성음이고 /d/는 유성음이죠. 그래서 got은 '갓'으로 발음하지만 God은 모음을 길게 해 '가앗'으로 발음하는 것입니다. 그럼 but과 bud은 어떻게 구별할까요? 우리말에서는 '벋'과 '벋'이 똑같이 발음되지만, 미국사람들은 but은 '벗'으로 발음하고 bud은 '버엇'으로 발음해 모음의 길이로 구별합니다.

(일본어에서 아줌마는 '오바상', 할머니는 '오바아상'으로 발음 길이로 구별하는 것과 동일합니다.)

우리말도 모음 길이로 단어를 구별할까요? 혹시 하늘에서 내리는 눈을 얼굴에 있는 눈보다 길게 발음하시나요? 우리는 이제 더 이상 모음 길이로 단어를 구별하지 않기 때문에 모음 길이를 중요하게 생각하지 않을 수도 있지만, 영어에서는 정말 중요한 법칙입니다.

MP3 07-01

짧은 모음		긴 모음	
ⓐ lap	(을)랩	lab	(을)래앱
cap	캡	cab	캐앱
cup	컵	cub	커업
tap	탭	tab	태앱
rip	(r)륍	rib	(r)뤼입
got	갓	god	가앗
but	벗	bud	버엇
kit	킷	kid	키잇
not	낫	nod	나앗
seat	씻	seed	씨잇
set	쎗	said	쎄엣
rot	(r)롹	rod	(r)롸앗
foot	(f)픝	food	(f)푸웃
pick	픽	pig	피익
back	백	bag	배액
lack	(을)랙	lag	(을)래액
lock	(을)락	log	(을)라악
duck	덕	dug	더억
dock	닥	dog	다악

Rule 21 '-ed'는 무성음 뒤에서는 /t/로, 유성음 뒤에서는 /d/로, /d, t/ 뒤에서는 /id/로 발음한다.

유성음과 무성음의 차이점은 동사의 '-ed' 발음을 결정하기도 합니다. 가장 기본적이고 중요한 발음 중 하나임에도 불구하고 원리를 이해하지 못해 틀리게 발음하는 학생이 아주 많죠. '-ed'는 동사의 마지막 소리에 따라 발음이 결정됩니다.

walked와 begged의 발음을 비교해 보죠. walked의 ed는 /t/로 발음되고, begged의 ed는 /d/로 발음됩니다. k는 무성음이기 때문에 '-ed'가 무성음인 /t/로 발음되고, g는 유성음이므로 '-ed'가 유성음인 /d/로 발음되는 것이죠. '-ed'에서 e가 발음이 안 되는 것에 특별히 주의해야 합니다. 그럼 play처럼 모음 소리로 끝나는 단어에 '-ed'가 붙으면 어떻게 발음될까요? 모든 모음은 유성음이므로 /d/로 발음됩니다.

MP3 07-02

/t/		/d/	
ⓑ hoped	호웁트	robbed	(r)롸압드
stopped	스땁트	described	디스끄(r)롸입드
jumped	졈트	climbed	클라임드
shaped	쉐입트	rubbed	(r)뤄업드
dropped	주(r)롸트	grabbed	그(r)뢔앱드
walked	왁트	tagged	태액드
picked	픽트	mugged	머억드
looked	륵트	begged	베엑드
attacked	어택트	hugged	허억드
blocked	블락트	shrugged	슈(r)뤄억드

talked	탁트	bugged	버억드
checked	췍트	dragged	주(r)뢔액드
packed	팩트	clogged	클라악드
liked	(을)라익트	wagged	왜액드

visit, need처럼 t나 d로 끝나는 단어에 '-ed'가 붙으면 e를 발음하여 /id/로 합니다. t나 d를 두 번 발음할 수 없기 때문이죠. 그래서 visited은 '(v)비(z)지릿', needed은 '**니릿**'이 됩니다. 모음 사이에 오는 t와 d는 모두 'ㄹ'로 발음되죠. (Rule 29 참조)

MP3 07-03

	틀린 한국식 발음	원어민 발음
C admitted	어드미티드	얻미릿
separated	쎄퍼레이티드	쎄뻐(r)뤠이릿
limited	리미티드	(을)리미릿
accepted	억셉티드	익셉팃

visited	비지티드	(v)비(z)지릿
voted	보우티드	(v)보우릿
completed	콤플리티드	컴플리릿
invited	인바이티드	인(v)바이릿
created	크리에이티드	크(r)뤼에이릿
treated	트리티드	추(r)뤼릿
United	유나이티드	유나이릿
tested	테스티드	테스띳
edited	에디티드	에리릿
commited	코미티드	커미릿
acted	액티드	액띳
updated	업데이티드	업데이릿
insisted	인시스티드	인씨스띳
reported	리포티드	(r)뤼포얼(r)릿
located	로케이티드	(을)로케이릿
dated	데이티드	데이릿
devoted	디보티드	디(v)보우릿
competed	콤피티드	컴피릿
dedicated	데디케이티드	데리케이릿
indicated	인디케이티드	인디케이릿
consisted	콘시스티드	컨씨스띳
selected	셀렉티드	썰렉띳
stated	스테이티드	스떼이릿

noted	노티드	노우릿
related	릴레이티드	(r)릴레이릿
affected	어펙티드	어(f)펙띳
added	애디드	애릿
needed	니디드	니릿
decided	디싸이디드	디싸이릿
attended	언텐디드	어텐딧
included	인크루디드	인클루릿
ended	엔디드	엔딧
divided	디바이디드	디(v)바이릿
loaded	로우디드	(을)로우릿
tended	텐디드	텐딧
defended	디펜디드	디(f)펜딧
concluded	콘크루디드	큰클루릿
avoided	어보이디드	어(v)보이릿
traded	트레이디드	추(r)뤠이릿
headed	헤디드	헤릿
demanded	디맨디드	디맨딧
founded	파운디드	(f)파운딧
provided	프로바이디드	프(r)로(v)바이릿
nodded	노디드	나릿
recommended	레코멘디드	(r)뤠꺼멘딧
guided	가이디드	가이릿

sounded	사운디드	싸운딧
reminded	리마인디드	(r)뤼마인딧
pretended	프리텐디드	프(r)뤼텐딧
extended	익스텐디드	익스뗀딧

그럼 wanted은 어떻게 발음될까요? 언뜻 생각하면 '원팃'이 될 것 같지만 Rule 9에서 공부한 바와 같이 n 뒤에 있는 t가 사라져 '워닛'이 됩니다.

MP3 07-04

		틀린 한국식 발음	원어민 발음
d	wanted	원티드	워닛
	pointed	포인티드	포이닛
	granted	그랜티드	그(r)뢔닛
	presented	프리젠티드	프(r)뤼(z)제닛

represented	레프리젠티드	(r)뤠쁘(r)뤼(z)제닛
counted	카운티드	캬우닛
planted	프랜티드	플래닛
documented	다큐멘티드	다뀨메닛
disappointed	디스어포인티드	디써포이닛
chanted	챈티드	쵀닛
amounted	어마운티드	어마우닛
unprecedented	언프레서덴티드	언프(r)뤠써데닛
implemented	임프러멘티드	임쁠러메닛
printed	프린티드	프(r)뤼닛
prevented	프리벤티드	프(r)뤼(v)베닛
oriented	오리엔티드	오(r)뤼에닛
confronted	콘프론티드	큰(f)프(r)뤄닛
invented	인벤티드	인(v)베닛
painted	페인티드	페이닛

Rule 22 A 그룹의 자음 뒤에 없는 모음을 넣지 않는다.

영어와 우리말 자음의 가장 큰 차이점은 /h/를 제외한 A 그룹의 모든 자음들이 영어에서는 단어 끝에 올 수 있지만 우리말은 그렇지 않다는 점입니다.

A 그룹의 자음들은 다른 자음들과 달리 소리를 길게 낼 수 있습니다. /s/를 '스'로 발음하면, 모음 '으' 때문에 /s/ 발음이 길게 나오지 않고 '스으~~~~~~'로 소리가 나고 맙니다. /s/ 발음을 길게 하려고 '스'를 반복하여 '스스스스스스'로 발음하면 '스'와 '스' 사이가 끊기게 되죠. 모음 없이 /s/를 길게 발음하려면 방울뱀이 내는 소리를 상상하면 됩니다. '스~'

원어민들은 bus를 '뻐스~'로 발음합니다. 왜 bus가 '뻐스'로 발음되지 않는지는 bus의 모음 갯수와 '뻐스'의 모음 갯수를 비교해 보면 알 수 있습니다. bus에는 모음이 u 하나밖에 없는 것에 반해 '뻐스'에는 '어'와 '으' 두 개가 있죠. 우리말에서는 '뻐ㅅ'라고 발음할 수 없기 때문에 모음 '으'를 더한 것입니다. 받침 발음을 못하는 일본사람이 '감사합니다'를 '가무사하무니다'로 발음하는 것도 같은 이치입니다.

MP3 07-05

	틀린 한국식 발음	원어민 발음
e bus	뻐스	뻐스~
gas	개스	개스~
yes	예스	예스~
this	디스	(ð)디스~
thus	더스	(ð)더스~
choice	초이스	초이스~
peace	피스	피스~
face	페이스	(f)페이스~
place	프레이스	플레이스~
office	오피스	아(f)피스~

voice	보이스	(v)보이스~
space	스페이스	스뻬이스~
price	프라이스	프(r)롸이스~
race	레이스	(r)뤠이스~
chance	챈스	챈스~
police	폴리스	펄리스~
notice	노티스	노우리스~
juice	주스	주스~
rice	라이스	(r)롸이스~
sauce	소스	싸스~
once	원스	원스~
mess	메스	메스~
less	레스	(을)레스~
pass	패스	패스~
loss	로스	(을)라스~
class	크래스	클래스~
dress	드레스	주(r)뤠스~
glass	그래스	글래스~
cross	크로스	크(r)롸스~
discuss	디스커스	디스꺼스~
success	석세스	썩쎄스~
guess	게스	게스~
bless	브레스	블레스~

passed처럼 뒤에 '-ed'까지 붙는다면 모음 없이 발음해야 하는 자음이 두 개로 늘어나므로 발음하는 데 좀 더 신경을 써야 합니다. 틀린 한국식 발음 '패스트'에는 '스트'에 모음이 있으므로 모음을 빼고, /st/를 좀 작은 목소리로 빨리 'ㅅㅌ'라고 발음해야 합니다.

MP3 07-06

	원어민 발음		원어민 발음
e´ passed	패ㅅㅌ	caused	카(z)ㅈㄷ
messed	메ㅅㅌ	raised	(r)뤠이(z)ㅈㄷ
expressed	익ㅅㅃ(r)뤠ㅅㅌ	refused	(r)뤼(f)퓨(z)ㅈㄷ
discussed	디ㅅ꺼ㅅㅌ	accused	어큐(z)ㅈㄷ
confessed	큰(f)페ㅅㅌ	housed	하우(z)ㅈㄷ
guessed	게ㅅㅌ	pleased	플리(z)ㅈㄷ
kissed	키ㅅㅌ	advised	얻(v)바이(z)ㅈㄷ
witnessed	윗네ㅅㅌ	paused	파(z)ㅈㄷ
possessed	퍼(z)제ㅅㅌ	praised	ㅍ(r)뤠이(z)ㅈㄷ
missed	미ㅅㅌ	used	유(z)ㅈㄷ
forced	(f)포얼(r)ㅅㅌ	closed	클로우(z)ㅈㄷ
staffed	ㅅ때(f)ㅍㅌ	lived	(을)리(v)ㅂㄷ
stuffed	ㅅ떠(f)ㅍㅌ	saved	쎄이(v)ㅂㄷ
cuffed	커(f)ㅍㅌ	improved	임ㅍ(r)루(v)ㅂㄷ
sniffed	ㅅ니(f)ㅍㅌ	loved	(을)러(v)ㅂㄷ
puffed	퍼(f)ㅍㅌ	arrived	어(r)롸이(v)ㅂㄷ
laughed	(을)래(f)ㅍㅌ	moved	무(v)ㅂㄷ
coughed	카(f)ㅍㅌ	shaved	쉐이(v)ㅂㄷ

roughed	(r)뤄(f)프트	behaved	비헤이(v)브드
briefed	브(r)뤼(f)프트	proved	프(r)루(v)브드
surfed	썰(r)(f)프트	dived	다이(v)브드

그럼 다음 문장들은 어떻게 발음할까요? 앞에서 배운 연음과 합쳐지거나 없어지는 자음, 그리고 '-ed'의 발음을 잘 이용하면 원어민하고 똑같은 발음이 됩니다.

MP3 07-07

	틀린 한국식 발음	원어민 발음
ⓕ I miss you.	아이 미스 유	아 미 슈
I missed you.	아이 미스트 유	아 미ㅅ 쮸
Kiss him!	키스 힘	키 썸
She kissed him.	쉬 키스트 힘	쉬 키ㅅ 떰

Rule 23 단어 끝에 오는 A 그룹의 무성음은 길게 발음하고, 유성음은 짧게 발음한다.

MP3 07-08

	틀린 한국식 발음	원어민 발음
ⓖ is	이즈	이~(z)즈
was	워즈	워~(z)즈
has	해즈	해~(z)즈
these	디즈	(ð)디~(z)즈
those	도즈	(ð)도우~(z)즈
please	플리즈	플리~(z)즈

because	비코즈	비커~(z)즈
rise	라이즈	(r)롸이~(z)즈
disease	디지즈	드(z)지~(z)즈
nose	노즈	노우~(z)즈
pause	포즈	파~(z)즈
praise	프레이즈	프(r)뤠이~(z)즈
excuse	익스큐즈	익스뀨~(z)즈
wise	와이즈	와이~(z)즈
ease	이즈	이~(z)즈
confuse	콘퓨즈	큰(f)퓨~(z)즈
amuse	어뮤즈	어뮤~(z)즈
cheese	치즈	취~(z)즈
lose	루즈	(을)루~(z)즈
noise	노이즈	노이~(z)즈
oppose	어포즈	어포우~(z)즈
use	유즈	유~(z)즈
choose	추즈	추~(z)즈
exercise	엑설사이즈	엑썰(r)싸이~(z)즈
compose	컴포즈	컴포우~(z)즈
advise	어드바이즈	얻(v)바이~(z)즈

혹시 ⓔ와 ⓖ의 원어민 발음에서 다른 점을 느끼셨나요? ⓔ에서는 '~'가 '스' 뒤에 있지만 ⓖ에서는 '즈' 앞에 있죠. ⓖ에서 '~'가 '즈' 앞에 있는 이유는 /z/

가 유성음이므로 앞의 모음이 길게 발음되기 때문입니다. 하지만 왜 '~'가 '스' 뒤에는 있고 '즈(z)' 뒤에는 없을까요?

원래 유성음은 성대가 울리도록 발음해야 하는데 단어 끝의 자음을 성대가 울리도록 길게 발음하는 것은 보통 어려운 일이 아닙니다. 그래서 A 그룹의 유성음이 단어 끝에 올 때는 발음을 하는 둥 마는 둥 하죠. 이것을 모르고 A 그룹의 유성음을 제대로 발음하려고 하면 어색한 발음이 나오게 됩니다.

MP3 07-09

무성음		유성음	
ⓗ safe	세이(f)프~	save	세이~(v)브
half	해(f)프~	have	해~(v)브
leaf	(을)리(f)프~	leave	(을)리~(v)브
grief	그(r)뤼(f)프~	grieve	그(r)뤼~(v)브
surf	썰(r)(f)프~	serve	썰(r)~(v)브
proof	프(r)루(f)프~	prove	프(r)루~(v)브
face	(f)페이스~	phase	(f)페이~(z)즈
place	플레이스~	plays	플레이~(z)즈

price	프(r)롸이스~	prize	프(r)롸이~(z)즈
niece	니스~	knees	니~(z)즈
peace	피스~	peas	피~(z)즈
race	(r)뤠이스~	raise	(r)뤠이~(z)즈

다음 보기에서는 모음이 아예 다른 모음으로 바뀝니다.

MP3 07-10

무성음		유성음	
breath	브(r)뤠(θ)뜨~	breathe	브(r)뤼~(ð)드
bath	배(θ)뜨~	bathe	베이~(ð)드
cloth	클라(θ)뜨~	clothe	클로우~(ð)드

Rule 24 '-s'는 유성음 뒤에서는 /z/로, 무성음 뒤에서는 /s/로, /z, s, ʒ, ʃ, dʒ, tʃ/ 뒤에서는 /iz/로 발음한다.

'-ed'와 마찬가지로 '-s'도 무성음 뒤에서는 무성음 /s/로, 유성음 뒤에서는 유성음 /z/로 발음됩니다. '-s'가 유성음인 /z/로 발음될 때는 /z/의 발음보다 모음의 길이에 더 신경을 써야 된다는 것 잊지 마세요. Rule 23에 따라 thinks에서는 길고 확실한 /s/ 발음이 나지만 things에서는 /z/가 거의 발음이 나지 않겠죠.

MP3 07-11

무성음		유성음	
caps	캡스~	cabs	캐앱(z)즈
ropes	(r)로웁스~	robes	(r)로웁(z)즈

picks	픽스~	pigs	피익(z)즈
thinks	(θ)띵스~	things	(θ)띠잉(z)즈

'-ed'는 /d, t/ 뒤에서 같은 자음을 두 번 발음할 수 없어 /id/로 발음됩니다. 그럼, '-s'는 언제 /iz/로 발음될까요? /z, s/는 물론이고 /ʒ, ʃ, dʒ, tʃ/ 뒤에서도 /iz/로 발음됩니다.

MP3 07-12

/s/	/z/
k cases	prizes
buses	rises
bases	diseases
classes	noses
choices	pauses
faces	praises
places	confuses
offices	amuses
chances	loses
passes	noises
classes	opposes
dresses	uses
glasses	chooses
crosses	exercises
discusses	composes

dances	excuses
races	advises
choices	closes
/tʃ/	/dʒ/
catches	changes
teaches	ages
watches	pages
peaches	judges
reaches	stages
speeches	colleges
preaches	manages
branches	sausages
searches	images
matches	packages
touches	passages
scratches	bridges
churches	damages
approaches	advantages
/ʃ/	/ʒ/
washes	garages
dishes	mirages
rushes	
cashes	

wishes	
crashes	
crushes	
flashes	
punishes	
polishes	
bushes	
brushes	
finishes	

Rule 25 /dʒ, tʃ, ʃ/는 항상 입을 오므리고 '쥐, 취, 쉬'와 같이 발음한다.

우리나라 사람들이 발음하기 제일 어려운 단어 중 하나가 messages의 단수형 message /mésidʒ/입니다. 유학생들이 4~5년이 지나도 제대로 발음 못하는 단어 중에 하나죠. 그런데 왜 message가 messages보다 훨씬 어려울까요?

'메세지'라는 한국식 발음의 첫 번째 문제는 영어에 '지'라는 발음이 없다는 것입니다. 미국에서 자라 우리말이 서툰 제 친구들은 '진짜야?'라는 발음을 못하고 '쥔쫘야?'라고 합니다. 알파벳 g와 h도 '지'와 '에이치'가 아니라 '쥐'와 '에이취'로 발음하죠.

그렇다고 '메세쥐'라고 읽어서도 안 됩니다. message의 마지막 모음 e는 묵음인데 '쥐'에는 '뻐스'의 '스'와 같이 모음이 있기 때문입니다. 들릴 듯 말

듯 살짝 빨리 말해야 모음이 없는 /dʒ/로 발음됩니다. /tʃ/도 /ʃ/도 마찬가지로 입술을 오므리고 살짝 '취', '쉬'로 발음해야 합니다. 이에 반해 energy, catchy, pushy에서는 y가 /i/로 발음되기 때문에 우리말과 같이 '쥐', '취', '쉬'로 발음되죠. 복수형인 messages의 발음이 비교적 쉬운 이유는 Rule 24에서 배운 바와 같이 '-es'가 /iz/로 발음되어 messages의 ge가 모음이 있는 '쥐'로 발음되기 때문이죠. 모음 없이 살짝 발음하는 '쥐'와 모음이 있는 '쥐'를 다음 보기를 통해 확인해 보세요.

MP3 07-13

/dʒ, tʃ, ʃ/		/dʒi, tʃi, ʃi/	
❶ message	메씨쥐	energy	에널(r)쥐
catch	캐취	catchy	캐취
push	프쉬	pushy	프쉬

이렇게 /dʒ, tʃ, ʃ/가 단어의 끝에 오면 모음 없이 자음만 발음할 수 있도록 연습해야 합니다. 우리나라 사람들이 '엣지'라고 많이 발음하는 edge의 'dge'도 /dʒ/로 발음되기 때문에 message와 같이 '에~쥐'라고 해야 하죠. '퍼센티지'로 발음하는 percentage에는 Rule 9 n 뒤에 오는 t는 발음하지 않는

다도 적용할 수 있겠죠. 그래서 원어민들은 '펄(r)세니쥐'라고 발음합니다.

MP3 07-14

	틀린 한국식 발음	원어민 발음
ⓜ age	에이지	에이쥐
page	페이지	페이쥐
large	라지	(을)라알(r)쥐
huge	휴지	휴쥐
stage	스테이지	스떼이쥐
college	칼리지	칼리쥐
manage	매니지	매니쥐
average	에버리지	애(v)버(r)뤼쥐
sausage	소시지	싸씨쥐
image	이미지	이미쥐
package	패키지	패끼쥐
passage	패세지	패씨쥐
George	조지	조올(r)쥐
judge	저지	줘쥐
edge	엣지	에쥐
badge	뺏지	배쥐
ridge	릿지	(r)뤼쥐
bridge	브릿지	브(r)뤼쥐
damage	데미지	대미쥐
village	빌리지	(v)빌리쥐
language	랭귀지	랭그위쥐

knowledge	놀리지	날리쥐
percentage	퍼센티지	펄(r)쎄니쥐
advantage	어드밴티지	얻(v)배니쥐
ⓝ much	머치	머취
which	위치	위취
teach	티치	티취
watch	와치	와취
peach	피치	피취
catch	캐치	캐취
reach	리치	(r)뤼취
speech	스피치	스삐취
preach	프리치	프(r)뤼취
bunch	번치	번취
arch	아치	아알(r)취
branch	브랜치	브(r)랜취
search	서치	썰(r)취
stretch	스트레치	스쭈(r)뤠취
each	이치	이취
inch	인치	인취
March	마치	마알(r)취
such	서치	써취
match	매치	매취
touch	터치	터취

lunch	런치	(을)런취
scratch	스크래치	스끄(r)뢔취
pinch	핀치	핀취
o rush	러시	(r)뤄쉬
cash	캐시	캐쉬
wish	위시	위쉬
dish	디시	디쉬
crash	크래시	크(r)뢔쉬
crush	크러시	크(r)뤄쉬
flash	후래시	(f)플래쉬
fresh	후래시	(f)프(r)뤠쉬
fish	휘시	(f)피쉬
punish	퍼니시	퍼니쉬
polish	폴리시	팔러쉬
bush	부시	부쉬
brush	브러시	브(r)뤄쉬
ash	애시	애쉬
finish	휘니시	(f)피니쉬
English	잉그리시	잉리쉬

message보다 더 어려운 발음은 changed입니다. 한국인들은 보통 '체인짓'이라고 발음하는데 원어민들에게 '체인짓'은 change it으로 들립니다. '-ed'는 /d/와 /t/의 뒤에서만 모음이 있는 /id/로 발음되기 때문에

changed는 '췌인쥐드'로 발음해야 하죠. /dʒ/ 하나만 모음 없이 발음하는 것도 어려운데, changed /tʃeindʒd/ '췌인쥐드'처럼 단어 끝에서 두 자음을 모음 없이 발음한다는 것은 보통 어려운 것이 아니죠.

MP3 07-15

	틀린 한국식 발음	원어민 발음
m' changed	체인짓	췌인쥐드
challenged	첼린짓	쵈런쥐드
staged	스테이짓	스떼이쥐드
managed	매니짓	매니쥐드
averaged	에버리짓	애(v)버(r)뤼쥐드
damaged	데미짓	대미쥐드
charged	차짓	좌알(r)쥐드
engaged	인게이짓	인게이쥐드
urged	어짓	얼(r)쥐드
emerged	이머짓	이멀(r)쥐드

aged	에이짓	에이쥐드
judged	저짓	줘쥐드
outraged	아우트레이짓	아웃(r)뤠이쥐드
merged	머짓	멀(r)쥐드
plunged	플런짓	플런쥐드
packaged	팩키짓	팩끼쥐드
watched	와칫	와취트
attached	어태칫	어태취트
pitched	피칫	피취트
coached	코칫	코우취트
approached	어프로칫	어프(r)로우취트
launched	론칫	(을)란취트
searched	써칫	썰(r)취트
reached	리칫	(r)뤼취트
preached	프리칫	프(r)뤼취트
stretched	스트레칫	스쭈(r)뤠취트
matched	매칫	매취트
touched	터칫	터취트
scratched	스크래칫	스끄(r)뢔취트
pinched	핀칫	핀취트
switched	스위칫	스위취트
punched	펀칫	펀취트

rushed	러싯	(r)뤄쉬트
finished	피니싯	(f)피니쉬트
washed	와싯	와쉬트
wished	위시	위쉬트
cashed	캐싯	캐쉬트
crashed	크래싯	크(r)뢔쉬트
crushed	크러싯	크(r)뤄쉬트
flashed	후래싯	(f)플래쉬트
punished	퍼니싯	퍼니쉬트
polished	폴리싯	팔러쉬트
brushed	브러싯	브(r)뤄쉬트
published	퍼브리싯	퍼블리쉬트
unleashed	언리싯	언리쉬트
pushed	푸싯	프쉬트
vanished	배니싯	(v)배니쉬트
established	이스태브리싯	이스때블리쉬트
accomplished	어캄프리싯	어캄쁠리쉬트
diminished	디미니싯	드미니쉬트

/dʒ, tʃ, ʃ/가 단어의 처음이나 중간에 오면 입술을 오므려 발음하는 것에만 유의하면 됩니다. 예를 들면 Jack을 '잭'으로, check을 '첵'으로, Boston Red Sox의 피 묻은 양말의 투수로 유명한 Schilling을 '실링'으로 발음하는 것은 입을 오므리지 않고 발음하기 때문에 나오는 틀린 발음입니다. '줵',

'췍', '쉴링'으로 발음해야 합니다. j는 항상 /dʒ/로 발음되지만 g는 e, i, y와 함께 쓰일 때만 /dʒ/로 발음될 수 있다는 것도 기억하면 도움이 되겠죠.

MP3 07-16

	틀린 한국식 발음	원어민 발음
p jail	제일	줴열
jump	점프	줨프
jean	진	쥐인
job	잡	좌압
jeep	지프	쥡
jazz	재즈	쟤~(z)즈
just	저스트	줘스트
justice	저스티스	줘스떠스~
joke	조크	조욱
jealous	젤러스	쥅러스~
jaws	조스	좌스~
journey	저니	줠(r)니
gym	짐	쥠
gypsy	집시	쥡씨
giant	자이언트	좌이언트
gene	진	쥐인
gentle	젠틀	줴늘
general	제네랄	줴너(r)뤌
generous	제너러스	줴너(r)뤄스~
ginger	진저	쥔줠(r)

gin	진	쥔
major	메이저	메이줠(r)
pager	페이저	페이줠(r)
danger	데인저	데인줠(r)
passenger	패신저	패썬줠(r)
manager	매니저	매니줠(r)
stranger	스트레인저	스쭈(r)뤠인줠(r)
digital	디지털	디쥐럴
ⓠ chain	체인	췌인
chair	체어	췌얼(r)
chance	챈스	챈스~
cheap	칩	췹
cherry	체리	췌(r)뤼
chicken	치킨	취낀
charge	차지	촤알(r)쥐
church	처치	춸(r)취
chest	체스트	췌스트
Cheers!	치어스	취얼(r)(z)즈
change	체인지	췌인쥐
cheese	치즈	취~즈
child	차일드	촤열드
children	칠드런	췰주(r)런
challenge	챌린지	췔린쥐

chimney	침니	췸니
kitchen	키친	키췬
luncheon	런천	런춴
teacher	티처	티춸(r)
preacher	프리처	프(r)뤼춸(r)
voucher	바우처	(v)바우춸(r)
nature	네이처	네이춸(r)
franchise	프랜차이즈	(f)프뤤좌이(z)즈

/dʒ, tʃ/와 달리 /ʃ/는 우리말 표기상으로 '아'와 '어' 모음 앞에 올 수 없습니다. '좌/dʒa/, 줘/dʒə/, 좌/tʃa/ 춰/tʃə/'와 달리 /ʃa/와 /ʃə/는 '샤, 셔'로밖에 표기가 되지 않습니다. 한 번 '좌, 줘, 좌, 춰'를 발음해 보세요. 그리고 '샤, 셔'를 발음해 보세요. '좌, 줘, 좌, 춰'를 발음할 때는 입술이 동그랗게 말리지만 '샤, 셔'를 발음할 때는 그렇지 않다는 것을 느낄 수 있으시죠? 그래서 shop이나 shutter과 같은 단어를 발음할 때에는 입을 동그랗게 하고 발음해야 합니다.

MP3 07-17

	틀린 한국식 발음	원어민 발음
ⓡ shine	샤인	(입을 동그랗게 하고) 샤인
shock	쇼크	(입을 동그랗게 하고) 샥
shop	샵	(입을 동그랗게 하고) 샵
sharp	샤프	(입을 동그랗게 하고) 샤알(r)프

shout	샤우트	(입을 동그랗게 하고) 샤웉
shower	샤워	(입을 동그랗게 하고) 샤월(r)
shirt	셔츠	(입을 동그랗게 하고) 셜(r)트
shutter	셔터	(입을 동그랗게 하고) 셔럴(r)
shake	쉐이크	쉐익크
shadow	쉐도우	쉐로우
sheep	십	쉽
sheet	시트	쉩

혹시 87쪽의 자음표를 보면서 "왜 /dʒ/의 발음이 '쥐'가 아니고 '쮜↓'로 되어 있을까?"라는 의문을 가지셨나요? /b, d, g/의 발음에서 자세히 설명하겠지만, 단어 첫 부분의 /dʒ/를 '쥐'라고 발음하면 원어민들의 귀에는 '취'로 들립니다. 그래서 낮은 목소리로 '쮜'라고 발음해야 하죠. (/dʒ/가 message처럼 단어 끝에 오면 유성음의 성격을 많이 상실하기 때문에 걱정할 필요가 없습니다.) 하지만 '쥐'가 '디쥐럴'처럼 모음 사이에 오면 원어민도 '쥐'로 알아듣습니다. 다시 말하면, 우리들은 '쥐'를 위치에 상관없이 똑같이 발음한다고 생각하지만, 사실은 단어 앞에서는 '취'와 비슷하게 발음을 한다는 것이죠. 믿겨지지 않나요? 자세한 설명은 Rule 27에서 하겠습니다.

Rule 26 모음 앞에 있는 /s/는 'ㅆ'로 발음하고, 나머지는 'ㅅ'로 발음한다.

/s/가 항상 'ㅅ'로 발음된다고 생각하는 경우가 많지만 사실 모음 앞에서는 'ㅆ'로 발음됩니다. 그래서 sign과 some이 각각 '사인'이나 '섬'이 아닌

'싸인'과 '썸'으로 발음되는 것이죠.

그런데 신기하게도 한국어에서는 'ㅆ'가 모음 '이' 앞에서는 '쉬'와 비슷한 소리로 변하게 됩니다. 'ㅆ'를 '아, 에, 이, 오, 우' 모음 앞에 넣어서 한번 발음해 보세요. 특히 '씨'를 제일 마지막으로 하여 '싸, 쎄, 쏘, 쑤, 씨'로 발음을 해 보면 '싸, 쎄, 쏘, 쑤'를 발음할 때보다 '씨'를 발음할 때 혀가 좀 더 뒤로 간다는 것을 쉽게 느낄 수 있을 겁니다.

그럼 이제는 '씨'와 '쉬'를 번갈아 가며 발음해 보세요. 혀의 위치는 변하지 않고 '쉬'를 발음할 때 단지 입을 살짝 동그랗게 하는 것을 느낄 수 있을 겁니다. (참고로 '쉬'로 발음이 나는 /ʃ/는 /s/와는 달리 자음표에서 5번 열에 있습니다.) 이번에는 '씨'와 /t/ '티'를 번갈아 가며 발음해 보세요. '씨'를 발음할 때는 혀의 몸통이 입천장 중간쯤에 닿지만, '티'를 발음할 때는 혀 앞부분이 좀 더 입천장 앞에서 닿는 것을 느낄 수 있으시죠?

우리말과 달리 영어에서는 /s/가 항상 같은 곳에서 발음되기 때문에 see를 발음할 때는 우리말 '씨'를 발음할 때와 달리 혀 몸통을 /t/ '티' 발음이 나는 앞쪽 입천장에 붙이고 발음을 해야 합니다. 물론 알파벳 C를 발음할 때도 혀 몸통을 좀 더 앞으로 내밀고 '씨'라고 발음해야 하겠죠.

MP3 07-18

s	c	sc
Ⓢ sin	city	scene
sign	circle	scenery
sea	Cindy	scenario
safe	cycle	scent
say	cyber	obscene

so	certain	descent
simple	center	adolescent
state	cent	scissor
some	centimeter	science
such	century	scientist
same	ceremony	fascinating
salt	recent	discipline

/s/가 모음과 함께 사용되지 않을 때에는 'ㅅ'로 발음됩니다.

MP3 07-19

	s	ss	se	ce
t 단어 끝	bus	toss	house	pace
	tennis	class	loose	nice
	this	address	promise	juice
	yes	pass	close(형용사)	rice
	thus	kiss	rinse	peace

MP3 07-20

	처음	중간
u 자음 앞	switch	respect
	sneak	dislike
	smile	describe
	speak	mistake
	steak	system
	sky	Costco
	scout	dismiss

MIT 대학은 가을 단풍으로 유명한 New England라는 미국 동부 지역에 있습니다. MIT에서 북쪽으로 두세 시간을 운전해서 가면 아름다운 단풍 구경을 할 수 있어서 10월 중순쯤 주말이 되면 한국 유학생들도 자주 차를 타고 여행을 떠납니다. 하루는 /dʒ, tʃ, ʃ/에 관한 발음 수업을 들은 한국 학생이 주말에 단풍 구경 갔다가 겪은 '소세지'에 관한 웃지 못할 사연을 들려주더군요.

아침 일찍 만나 여행길에 오른 3명의 한국 학생들은 한 시간 반쯤 차를 타고 가니 배가 출출해졌습니다. 마침 고속도로 휴게실에 맥도널드가 있는 것을 발견하고 Drive Thru(차에서 내리지 않고 인터콤으로 주문을 하는 곳)에서 맥모닝 메뉴를 시켜 먹기로 했습니다. 주문하기 편하게 '소세지'로 통일하기로 합의한 후 운전석에 있던 친구가 **'쓰리 소세지, 플리즈'**라고 인터콤에 크게 말했습니다. 가격이 얼마라는 응답을 기다리고 있던 친구에게 온 응답은 왠 걸 'Excuse me? Three what?'이었습니다. '소세지'의 발음이 좀 약했나 싶어 두 번째에는 '쏘세지, 플리즈'라고 더 크게 말했지만, 역시 돌아온 응답은 'Excuse me?'였습니다.

이때 옆에 앉아 있던 친구가 씨익 웃으며, '쏘세지'는 표준말이 아니라며 부드럽게 '소시지, 플리즈'라고 했습니다. 자신만만하게 Thank you!를 기다리고 있던 이 친구에게 온 응답은 다시 Excuse me?였습니다. 그러자 뒷 좌석에 있는 친구가 강세를 바꿔서 말해 보라고 했습니다. 운전석에 있던 친구는 다시 '쏘**쎄이**~지, 플리즈'라고 크게 말했지만, 결과는 마찬가지. 뒤에서 다른 차들이 빵빵거리는 바람에 어쩔 수 없이 주차를 한 뒤 맥도날드 안으로 들어갔습니다.

카운터에서 주문을 받고 있던 백인에게 다시 '소시지, 플리지'라고 했지만, 역시 못 알아들었고 할 수 없이 사진이 있는 메뉴를 가르키며 '쓰리, 플리즈'라고 주문을 했습니다. "왜 아무도 '소시지'라는 쉬운 단어를 못 알아들을까?"라고 의아해 하며 음식이 나오길 기다리던 중, Drive Thru에서 인터콤으로 주문하는 목소리가 상점 안의 스피커로 전부 방송이 된다는 것을 깨닫고 그들은 쓰고 있던 야구모자를 깊게 눌러쓰고 재빨리 빠져나왔다더군요.

Lesson 08

우리말에 있는 자음
김서방이 태평양을 건너면 왜 킴서방이 될까?

87쪽 자음표의 A, B, C, D, E, F 중에서 우리말로 모두 표기할 수 있는 그룹은 C와 D입니다. /m, n, ŋ/으로 구성되어 있는 D는 한국어의 비음 /ㅁ, ㄴ, 잉/과 같습니다. 영어 /ŋ/와 한국어의 '잉'은 음절 처음에 올 수 없다는 것도 동일하죠. ng가 앞에 쓰인 단어는 본 적 없으시죠? 베트남 어에서는 /ŋ/ 발음이 음절 처음에 쓰이기도 합니다. 미국에서 Ng로 시작하는 성을 가진 베트남 학생이 수업을 들었을 때 이름을 부를 수가 없어 애를 먹었던 기억이 나는군요.

Rule 27 단어 앞에 나오는 /b, d, g/는 'ㅃ, ㄸ, ㄲ'를 목소리를 낮춰 발음한다.

혹시 '외국인들은 '감사합니다'를 왜 '캄사합니다'로 발음할까?'라는 의문을 가져 본 적 있나요? 이유는 간단합니다. '감'이 '캄'으로 들리기 때문이죠. 마찬가지로 알파벳 b와 d를 우리가 각각 '비'와 '디'로 읽으면 외국인들은 p와 t로 알아듣죠. 그럼 어떻게 발음해야 미국사람들이 b와 d로 알아들을까요?

'비'와 '삐'를 소리 내어 말하면서 목소리 높이에 귀를 기울여 보세요. '비'보다 '삐'가 좀 더 높습니다. 목소리 높이의 차이를 느꼈다면 '비'의 낮은 목소리로 '삐'라고 말해 보세요. 이렇게 b와 d를 읽을 때에는 낮은 목소리로 '삐'와 '띠'로 해야 원어민 같은 발음됩니다.

이제 손바닥을 입 앞에 가까이 하고 '비'와 '삐'를 말해 보세요. '비' 할 때 바람이 좀 더 많이 나오는 것을 느낄 수가 있을 것입니다. 이렇게 '비'를 말할 때 나오는 입바람 때문에 우리가 /b/를 '비'라고 읽었을 때 원어민들은 /p/로 알아듣는 것이죠. 그럼 우리나라 사람들은 어떻게 '비'와 '피'를 구분하는 것일까요? '비'와 '피'를 번갈아가며 말해 보세요. '비'보다 '피'가 높은 소리로 발음됩니다. 바로 이 목소리 높이로 우리는 '비'와 '피'를 구분하는데, 외국인들은 입바람 소리만 듣기 때문에 '비'와 '피'를 구분하지 못하는 것이죠.

다른 발음책들을 보면 b와 d를 읽을 때 앞에 살짝 '으'를 말하듯이 발음하라고도 합니다. 'ㅂ, ㄷ, ㄱ'가 모음 사이에 오면 입에서 바람이 적게 나오기 때문에 틀린 방법은 아니죠. 손바닥을 입 앞에 가까이 대고 '불'과 '이불'을 말해 보면 '이불'을 말할 때 입바람이 좀 더 적게 나오는 것을 느낄 수 있죠.

예전부터 많은 분들이 doctor를 '딱터'로 발음하는 데에는 그만한 이유가 있습니다. 그럼 왜 '딱터 김'이 태평양을 건너 미국에 오면 '딱터 킴'이 되는지도 이해가 되나요? 미국사람들에겐 'ㄱ'가 전부 'ㅋ'로 들리기 때문에 Kim이 되는 것이지요. Gim으로 표기를 해도 어차피 '김'과 다른 발음이 나오는 것은 마찬가지입니다. 낮은 목소리로 '낌'이라고 읽을 테니까요.

MP3 08-01

	틀린 한국식 발음	원어민 발음
ⓐ boy	보이	↓보이
big	빅	↓삐익
back	백	↓빽
body	보디	↓빠리
bed	베드	↓뻬엣
boat	보트	↓뽀웃
box	박스	↓빡스~
band	밴드	↓빼ㄴ드
bite	바이트	↓빠잇
butter	버터	↓뻐럴(r)
blue	블루	↓쁠루
dead	데드	↓떼엗
deep	딥	↓띱
day	데이	↓떼이
down	다운	↓따운
dance	댄스	↓땐스~
doubt	다우트	↓따웃
die	다이	↓따이
duty	듀티	↓뚜리
desk	데스크	↓떼스크
dozen	더즌	↓떠(z)즌
donkey	동키	↓땅끼

game	게임	↓께임
good	굳	↓끄읏
god	갓	↓까앗
gun	건	↓꺼언
gain	게인	↓께인
gas	개스	↓깨스~
guest	게스트	↓께스트
guide	가이드	↓까이드
gay	게이	↓께이
gate	게이트	↓께잇
go	고	↓꼬우

Rule 28 강세 있는 음절의 첫 음이 아닌 /p, t, k/는 'ㅃ, ㄸ, ㄲ'로 발음한다. (단어의 첫 음인 /p, t, k/는 예외)

저는 중학교 1학년 때 처음 /p, t, k/가 s 뒤에 오면 'ㅃ, ㄸ, ㄲ'로 발음이 된다는 것을 배웠습니다.

MP3 08-02

	틀린 한국식 발음	원어민 발음
ⓑ speak	스피크	스삑
Spain	스페인	스뻬인
space	스페이스	스뻬이스~
spark	스파크	스빠알(r)크

	spam	스팸	스뻬앰
	special	스페샬	스뻬셜
	speed	스피드	스삐이ㄷ
	spin	스핀	스삔
	spoon	스푼	스뿌운
	spend	스펜드	스뻰ㄷ
	sports	스포츠	스뽀얼(r)ㅊ
	speech	스피치	스삐취
	spade	스페이드	스뻬이ㄷ
C	steak	스테이크	스떼익
	steam	스팀	스띠임
	stick	스틱	스띡
	stone	스톤	스또운
	steel	스틸	스띠열
	step	스텝	스뗍
	study	스터디	스떠리
	stock	스탁	스딱
	store	스토어	스또얼(r)
	stain	스테인	스떼인
	state	스테이트	스떼잇
	stamp	스탬프	스땜ㅍ
	stupid	스투피드	스뚜삣

d	sky	스카이	스카이
	ski	스키	스끼
	skin	스킨	스낀
	skate	스케이트	스께잍
	skirt	스커트	스껄(r)트
	score	스코어	스꼬얼(r)
	scream	스크림	스끄(r)륌
	school	스쿨	스꿀
	scale	스케일	스께열
	scold	스콜드	스꼬울드
	screw	스크루	스끄(r)루
	screen	스크린	스끄(r)륀
	scratch	스크래치	스끄(r)뢔취

그런데 미국에 가 보니 /p, t, k/가 'ㅃ, ㄸ, ㄲ'로 발음되는 단어가 한둘이 아니었습니다. happy를 '해피'가 아닌 '해삐'로, actor도 '액털(r)'이 아닌 '액떨(r)'이라고 하고, Nike는 '나이키'가 아닌 '나이끼'로 발음하더군요.

/p, t, k/가 단어 중간에 오면 'ㅃ, ㄸ, ㄲ'가 되나 했더니 원어민들이 apply는 '어플라이'로, application은 '**애**쁠러**케**이션'으로 발음하는 것을 듣고 'ㅃ, ㄸ, ㄲ'의 발음은 강세와 관련이 있다는 것을 깨달았습니다. (apply는 강세가 두 번째 음절 '플라이'에 있지만 application은 첫 번째 음절 '애'와 세 번째 음절 '케이'에 있습니다.) 강세가 있는 음절의 첫 음이 아닌 /p, t, k/는 'ㅃ, ㄸ, ㄲ'로 발음되는 것이었습니다. speak, steak, sky에서도 /p, t, k/가 첫 음이 아니기 때문에 'ㅃ, ㄸ, ㄲ'로 발음되는 것이죠. (parade, tomato, correct처럼 단어의 첫 음인 /p, t, k/는 강세가 없어도 'ㅍ, ㅌ, ㅋ'로 발음됩니다.)

MP3 08-03

	틀린 한국식 발음	원어민 발음
e paper	페이퍼	페이뻘(r)
super	수퍼	쑤뻘(r)
supper	써퍼	써뻘(r)
upper	어퍼	어뻘(r)
keeper	키퍼	키뻘(r)
temper	템퍼	템뻘(r)
tempo	템포	템뽀우
purple	퍼플	펄(r)쁠
people	피플	피쁠
apple	애플	애쁠
sample	샘플	쌤쁠
simple	심플	씸쁠
temple	템플	템쁠
happy	해피	해삐
copy	카피	카삐
sleepy	슬리피	슬리삐

f	doctor	닥터	↓ 딱떨(r)
	collector	콜렉터	컬렉떨(r)
	actor	액터	액떨(r)
	director	디렉터	↓ 떠(r)뤡떨(r)
	Victor	빅터	(v)빅떨(r)
	Hector	헥터	헥떨(r)
	sister	시스터	씨스떨(r)
	after	애프터	애(f)프떨(r)
	master	매스터	매스떨(r)
	trickster	트릭스터	추(r)뤽스떨(r)
	character	캐랙터	캐(r)뤅떨(r)
	characteristic	캐랙터리스틱	캐(r)뤅떠(r)뤼스띡
	tactics	택틱스	택띡스~
	practice	프랙티스	프(r)뢕띠스~
	practical	프랙티컬	프(r)뢕띠껄
g	cooking	쿠킹	크낑
	stocking	스타킹	스따낑
	drinking	드링킹	주(r)륑낑
	ranking	랭킹	(r)뢩낑
	walking	워킹	와낑
	smoking	스모킹	스모우낑
	chicken	치킨	취낀
	weekend	위크엔드	위껜드

ticket	티켓	티껫
pocket	포켓	파껫
basket	바스켓	배ㅅ껫
broken	브로큰	ㅂ(r)로우끈
shaky	쉐이키	쉐이끼
speaker	스피커	ㅅ삐껄(r)
spoken	스포큰	ㅅ뽀우끈
bacon	베이컨	베이껀
pickle	피클	피끌

Rule 29 모음 사이에 오고 강세가 없는 /t, d/는 'ㄹ'로 발음한다.

1990년에 미국으로 이민 가서 가장 기뻤던 것은 한국에서 정말 좋아하던 TV 프로그램 '전격 제트 작전'이 매일 한다는 것이었습니다. 그런데 이 프로그램의 이름이 '전격 제트 작전'과는 전혀 다른 Knight Rider였습니다. "신기한 이름이다……."라고 생각하고 자세히 들으니 이상하게도 rider의 der발음을 '덜(r)'이 아닌 '럴(r)'로 발음하는 것이었습니다. 그리고 학교에 가 보니 선생님들이 writer의 ter도 똑같이 '럴(r)'로 발음하더군요. 미국사람은 rider과 writer을 똑같이 '(r)롸이럴(r)'로 발음하는 것이었습니다. Atom과 Adam도 똑같이 '애럼'이라고 발음하죠. 모음 사이에 오는 t와 d는 똑같이 'ㄹ'로 발음되기 때문입니다.

MP3 08-04

	틀린 한국식 발음	원어민 발음
ⓗ auto	오토	아로
photo	포토	(f)포우로
meeting	미팅	미링
waiting	웨이팅	웨이링
cheating	치팅	취링
heating	히팅	히링
computer	컴퓨터	컴퓨럴(r)
heater	히터	히럴(r)
water	워터	와럴(r)
waiter	웨이터	웨이럴(r)
letter	레터	(을)레럴(r)
later	레이터	(을)레이럴(r)
liter	리터	(을)리럴(r)
better	베터	베럴(r)
bitter	비터	비럴(r)
putter	퍼터	퍼럴(r)
United	유나이티드	유나이릿
battery	밧데리	배러(r)뤼

MP3 08-05

	틀린 한국식 발음	원어민 발음
ⓘ Eddy	에디	에리
buddy	버디	버리
body	바디	바리
ready	레디	(r)뤠리

study	스터디	ㅅ떠리
lady	레이디	(을)레이리
muddy	머디	머리
greedy	그리디	그(r)뤼리
remedy	레머디	(r)뤠머리
cloudy	클라우디	클라우리
tidy	타이디	타이리
bloody	블러디	블러리
steady	스테디	ㅅ떼리
studio	스튜디오	ㅅ뚜리오
radio	라디오	(r)뤠이리오
editor	에디터	에러럴(r)
pudding	푸딩	프링
wedding	웨딩	웨링

물론 meeting을 '미링'이 아닌 '미팅'으로, Eddy를 '에리'가 아닌 '에디'로 발음해도 미국사람들은 다 알아듣습니다. 하지만 영국영어가 아닌 미국영어를 배운다면, 우리말에 'ㄹ' 발음이 존재하는데 굳이 'ㅌ'와 'ㄷ' 발음을 고집할 이유가 없겠죠.

t와 d가 'ㄹ'로 변하는 발음을 배워야 하는 가장 큰 이유는, 이 현상이 단어와 단어 사이에서도 자주 발생하기 때문입니다. 종종 원어민이 t와 d를 연음시켜 'ㄹ'로 발음하면 알아들을 수 없는 경우가 생깁니다. 예상했던 것과 전혀 다른 발음이 나오기 때문이죠.

MP3 08-06

	틀린 한국식 발음	원어민 발음
not at all	낟앤올	나래럴
a lot of money	어 라트 어브 머니	얼라러 머니
I got to (gotta) go.	아이 가투 고	아 가라 고우
bread and butter	브레드 앤드 버터	브(r)뤠 른 버럴(r)
bed and breakfast	베드 앤드 브렉퍼스트	베 른 브(r)뤡(f)퍼스트
What do you do?	왇 두 유 두?	와르유 두?
What are you doing?	왇 아 유 두잉?	와르유 두잉?
I don't know.	아이 돈트 노우	아 론 노우
You didn't know?	유 디든트 노우?	유 린 노우?
He doesn't know.	히 더즌트 노우	히 러(z)즌 노우

Not at all!을 '낟 앤 올'이라고 발음하면 우리말에서도 연음이 되기 때문에 '나대돌'이라는 원어민이 알아들을 수 없는 발음이 되고 말죠. 영국식 발음 '나태톨'과 미국식 발음 '나래럴'을 비교해 보면 미국식 발음이 훨씬 부드럽고 자연스럽다는 생각 안 드나요? 또, what do you와 what are you가 일상 회화에서는 똑같이 '와르유'로 발음된다는 것과 don't, didn't, doesn't이 각각 '론, 린, 러(z)즌'으로 발음된다는 것도 기억해 두는 것이 좋습니다.

Lesson 5에서 설명한 might have의 발음 기억하시죠? have의 h와 v 발음이 없어져서 '어'나 '으'로 발음되고, might의 t가 'ㄹ'로 변하고 '으'와 연음이 되어 '마이르'로 발음되죠. 이와 같이 should have, could have, would have도 모두 '슈르', '크르', '워르'로 발음됩니다. 중요한 것이니 다시 한번 연습해 보겠습니다.

MP3 08-07

	틀린 한국식 발음	원어민 발음
k I might have gone.	아이 마이트 해브 곤	아 마이르 가안
I should have gone.	아이 슈드 해브 곤	아 슈르 가안
I could have gone.	아이 쿠드 해브 곤	아 크르 가안
I would have gone.	아이 우드 해브 곤	아 워르 가안

/t, d/가 'ㄹ'로 변하는 것도 강세와 관련이 있습니다. hotel이 '호렐'이 되지 않는 이유도 tel에 강세가 있기 때문에죠. 강세에 따라 다르게 발음되는 /t/는 숫자에도 잘 나타나 있습니다.

MP3 08-08

끝음절 발음		끝음절 발음	
l thirty	리	thirteen	틴
forty	리	fourteen	틴
fifty	띠	fifteen	틴
sixty	띠	sixteen	틴
seventy	디	seventeen	틴
eighty	리	eighteen	틴
ninety	디	nineteen	틴

'-ty'와 '-teen'이 다르게 발음되는 이유는 강세 때문입니다. 30부터 90까지의 숫자는 첫음절에 강세가 있고, 13부터 19까지의 숫자는 teen에 강세가 있죠. thiry, forty, eighty의 끝음절은 모두 t가 'ㄹ'로 바뀌어 '리'로 발음됩니다. (r과 모음 사이에서도 /d, t/가 'ㄹ'로 발음됩니다.) fifty와 sixty의 -ty 앞에는 자

음이 있기 때문에 Rule 28에 따라 '띠'로 발음되죠. 이상한 것은 seventy와 ninety의 ty 발음입니다. winter에서와 같이 n 뒤에 t가 없어져 '니'로 발음이 날 것 같은데, 미국사람들은 주로 t를 d로 바꿔 '디'로 발음합니다. 그래서 '세브니'와 '나이니'가 아니고 '**세**(v)븐디'와 '**나인**디'가 되죠. 강세의 위치에 따라 t와 d의 발음이 변하는 것은 다음 보기에서도 볼 수 있습니다.

MP3 08-09

ㄹ		ㅌ/ㄷ	
ⓜ photo	(f)포우로	photography	(f)포타그(r)뤄(f)피
atom	애럼	atomic	어타믹
city	씨리	CD	씨디
addict	애릭 (중독자)	addicted	어딕띳
added	애릿	addition	어디션

Rule 30 'quee-', 'qui-', 'que-'는 '크위'와 '크웨'로 발음한다.

q 뒤에 오는 u는 모음이 아니고 자음 w로 발음됩니다. 그래서 queen /kwi:n/은 '퀸'이 아니고 '크윈'으로 발음되죠. q 뒤에는 모음이 없으므로 '크'는 빨리 살짝 발음해야 합니다. 빨리 살짝 발음하는 것이 어려우면 '쿠인'이라고 발음해도 됩니다.

MP3 08-10

	틀린 한국식 발음	원어민 발음
ⓝ queen	퀸	크윈
queer	퀴어	크위얼(r)
queasy	퀴지	크위(z)지
quick	퀵	크윅
quit	큇	크윗
quilt	퀼트	크윌ㅌ
quiz	퀴즈	크위(z)ㅈ
liquid	리퀴드	(을)리끄윗
quest	퀘스트	크웨ㅅㅌ
question	퀘스쳔	크웨ㅅ쭨
request	리퀘스트	(r)뤼크웨ㅅㅌ
earthquake	얼쓰퀘익	얼(r)(θ)뜨크웨익
equation	이퀘이션	이크웨이(ʒ)젼
equipment	이큅먼트	이크윕먼ㅌ
equivalent	이퀴벌런트	이크위(v)벌런ㅌ
equivocate	이퀴보케이트	이크위(v)버케잇

Rule 31 tr과 dr의 발음은 '추'와 '주'로 시작한다.

r 바로 전에 있는 t와 d는 각각 '추'와 '주'로 발음됩니다. r을 발음하려면 입술이 동그랗게 되어야 하는데 입술을 동그랗게 하고 t와 d를 발음하면 각각 '추'와 '주'가 되죠. tr과 dr에는 모음이 없으므로 모음이 있는 우리말 '추, 주' 보다는 좀 작은 목소리로 빨리 '추, 주'라고 발음해야 하겠죠.

	틀린 한국식 발음	원어민 발음
o truck	트럭	추(r)뤅
try	트라이	추(r)롸이
tree	트리	추(r)뤼
tray	트레이	추(r)레이
trunk	트렁크	추(r)렁크
tribe	트라이브	추(r)롸입
treat	트리트	추(r)륏
trust	트러스트	추(r)뤄스트
true	트루	추(r)루
trial	트라이얼	추(r)롸이열
tremble	트렘블	추(r)뤰블
trouble	트러블	추(r)뤄블
trade	트레이드	추(r)뤠잇
train	트레인	추(r)뤠인
track	트랙	추(r)뢕
trick	트릭	추(r)뤽
triple	트리플	추(r)뤼쁠
trap	트랩	추(r)뢥
travel	트래블	추(r)뢔(v)블
translation	트랜스레이션	추(r)뢘(z)즐레이션
p dress	드레스	주(r)뤠스~
drama	드라마	주(r)롸마
dragon	드래곤	주(r)뢔건

dream	드림	주(r)륌
draft	드래프트	주(r)뢔(f)프트
drill	드릴	주(r)륄
drink	드링크	주(r)륑크
drive	드라이브	주(r)롸이(v)브
drop	드롭	주(r)롸압
drum	드럼	주(r)뤔
dry	드라이	주(r)롸이
drug	드럭	주(r)뤅
drawing	드로잉	주(r)롸잉
drown	드로운	주(r)롸운
drag	드랙	주(r)뢕
drain	드레인	주(r)뤠인
drape	드레입	주(r)뤠입
drift	드리프트	주(r)뤼(f)프트
drip	드립	주(r)륍

‘도라이바’는 driver의 일본식 발음인데 사실은 ‘주(r)**라이**(v)벌(r)’로 발음되죠. 일본어엔 모음이 ‘아, 에, 이, 오, 우’ 5개밖에 없어 일본인들은 driver를 ‘드라이버’라고도 발음할 수 없습니다. ‘으’와 ‘어’ 발음을 할 수 없기 때문이죠.

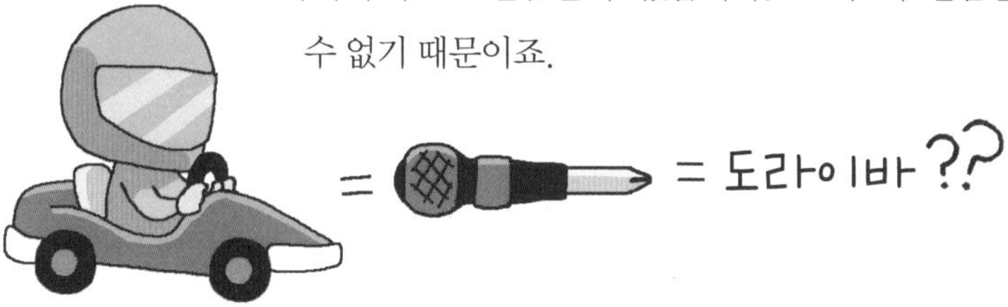

제가 이민 초창기 LA에 살고 있을 때 저희 아파트는 Berendo라는 길에 있었습니다. 저의 '베렌도'라는 발음을 알아듣는 원어민이 아무도 없다는 것을 깨달은 후 아예 집 주소를 말할 때는 처음부터 Berendo의 스펠링을 불러 주기 시작했습니다.

처음엔 발음이 안 되는 r 때문에 걱정했는데 오히려 r은 잘 알아듣고 미국사람들은 엉뚱한 b와 d를 못 알아듣는 것이었습니다. 제가 '비'라고 말하면 '피?'라고 묻고, 제가 '디'라고 말하면 '티?'라고 물었습니다. 아니, 우리나라 사람들은 모두 잘 알아듣는 '비'와 '피'를 구분 못한다는 게 말이나 됩니까?!

이 미스터리를 풀지 못한 채 저는 대학에 진학했고 언어학 개론을 수강하며 드디어 그 이유를 깨닫게 되었습니다. 하루는 교수님께서 '불', '풀', '뿔'을 보기로 들으며 한국어에는 정말 발음하기 어려운 자음이 있다고 하고는 당신은 발음이 안 되니 할 수 있는 사람이 한번 나와서 읽어 보라고 했습니다. 200명이 넘는 학생들 앞에서 저는 '불'과 '풀'을 마이크에 대고 번갈아 가며 말했습니다.

그랬더니 그 많은 학생들이 모두 '불'과 '풀'이 같은 소리라고 이구동성으로 말하는 것이었습니다. 정말 기가 막히더군요. 세계 명문이라는 UC버클리 대학 언어학과 교수님도 발음할 수 없는 자음이 우리말에 있다는 뿌듯한 자부심을 안고 저는 강단을 내려왔습니다.

요즘은 우리말을 배우는 미국인도 많다던데, 우리가 ' 비가 오네!'라고 했을 때 '비'를 '피'로 듣는다니, 상상만 해도 끔찍한 일입니다.

뭐 먹을까?
음…
풀고기?
OK
비가 오네!
피?
blood…!
Rain!

Lesson

09 우리말에 없는 자음에 유의하자!

영어발음을 공부할 때 가장 먼저 배우는 것은 단연 p와 f, 그리고 b와 v의 차이점입니다. 지금은 유치원에서부터 영어를 가르치지만 제가 학교 다닐 때만 해도 중학교 가기 전까지는 학교에선 알파벳도 가르쳐 주지 않았습니다. 저는 사실 중학교 3학년이 되어서야 제 이름을 영어로 쓰는 법을 확실히 깨달았는데, 제 친구 명준이는 어디서 영어를 배웠는지 초등학교 때부터 친구들 이름을 전부 영어로 쓸 수 있었습니다. 오락실에서 기록을 깨면 알파벳으로 이름을 남겨야 되는데 어찌나 명준이가 부럽던지…….

이렇게 영어에 무지하던 제가 f와 v 발음은 어렵지 않게 배울 수 있었던 계기가 있었습니다. 알파벳을 모르는 사람도 영단어를 쉽고 재밌게 외울 수 있는 방법을 개발했다는 회사가 제가 다니던 초등학교를 방문하여 6학년생들에게 한 반씩 돌아가며 한 시간씩 강의를 해 주었습니다. 이때 영어와 우리말의 틀린 발음의 예로 f와 v 발음을 가르쳐 주더군요. 덕분에 미국에 처음 가서도 f와 v의 발음만은 잘 할 수 있었습니다. 하지만 그때 배운 '펌프에 낀 호박, 펌프킨', '내 빗으로 빗어 준 토끼, 래빗', '호스로 물 먹는 말, 호스' 등의 발음은 전혀 쓸모가 없더군요.

Rule 32 /f/와 /v/는 앞니를 아랫입술에 살짝 대고 발음한다.

우리나라 사람 중에는 어렵지 않은 f와 v를 너무 어렵게 발음하려는 사람이 많습니다. 윗니 전체를 아랫입술에 대고 발음하려고 해서 아랫입술을 너무 많이 집어넣거나, 윗입술을 위로 올리며 발음하는 분들이 많죠. 입에는 힘을 빼고 앞니만을 살짝 아랫입술에 댄다고 생각하고 발음하면 자연스러운 f와 v 발음이 나오죠.

MP3 09-01

	/f/	/p/
a	face	pace
	fan	pan
	fin	pin
	fit	pit
	fine	pine
	fast	past
	feel	peel
	far	par
	fair	pair
	fail	pail
	faint	paint
	fork	pork
	flight	plight
	fond	pond
	fool	pool
	fun	pun

/v/	/b/
ⓑ vase	base
van	ban
vote	boat
vest	best
vent	bent
vet	bet
veer	beer
vow	bow
vacant	bacon
very	berry
veil	bail
vain	bane
vanish	banish

Rule 33 /θ/와/ð/는 혀끝이 이빨 사이에 살짝 나오게 하고 발음한다.

/θ/는 혀끝이 이 사이에 살짝 나오게 하고 발음해야 합니다. 그런데 혀를 내미는 것에 너무 신경을 쓰다 보니 혀가 거의 다 보일 때까지 내미는 사람이 종종 있습니다. 보는 사람도 민망하고 혀가 왔다 갔다 하는 시간이 너무 길어져 영어의 리듬도 놓치게 되죠. 그리고 /θ/가 단어 끝에 올 때는 혀가 나오는 것이 중요하지만 단어 앞에 올 때는 'ㄸ'로 발음해도 무난합니다. 혀를 살짝 내미는 훈련이 되기 전까지는 단어 앞에 있는 /θ/는 'ㅆ'가 아닌 'ㄸ'로

발음을 하세요. '쌩큐'보다는 '땡뀨'가 원어민 발음에 가깝습니다. Thank의 k는 '유'와 연음이 되는데 강세가 없기 때문에 '뀨'로 발음되겠죠.

MP3 09-02

	처음 /θ/	처음 /s/
c	think	sink
	thank	sang
	thumb	sum
	thought	sought
	theme	seem
	끝 /θ/	끝 /s/
d	path	pass
	bath	bass (농어)
	mouth	mouse
	faith	face
	forth	force

/ð/도 우리말에는 없는 소리이지만 /θ/처럼 큰 문제가 되지는 않습니다. they와 day처럼 /ð/와 /d/ 소리 하나만으로 구별되는 단어가 많지 않기 때문에 /ð/를 'ㄷ'로 발음하는 우리나라 사람들에게는 큰 문제가 되지 않는 것이죠. 랩송(rap)을 즐겨 듣는 미국 젊은이들은 the를 우리나라 사람같이 '더'로 발음하기도 합니다. 랩송 타이틀에 보면 da라는 단어를 종종 볼 수 있는데 the를 뜻하는 말이죠. (우리나라 사람은 they를 '데이'로 발음하지만 일본사람들은 '(z)제이'로 발음합니다. 일본 어에는 /z/ 발음이 있기 때문에 /θ/는 /s/로, /ð/는 /z/로 발음하는 것이죠.)

MP3 09-03

	/ð/	/d/
e	they	day
	those	doze
	then	den

/θ/와 /ð/ 발음은 절대로 배우기 어려운 소리가 아닙니다. /r/, /z/, /ʒ/ 같은 소리는 많은 연습을 해야 제대로 낼 수 있지만, /θ/와 /ð/는 단지 혀끝만 살짝 이 사이에 나오게 하고 발음하면 되기 때문이죠. 원어민 같은 영어를 구사하는 것이 목표라면 먼저 /θ/와 /ð/ 발음에 도전하세요. /θ/와 /ð/ 발음을 정복하지 못한다면 더 어려운 자음을 배우는 것은 불가능한 일입니다.

MP3 09-04

	처음 /θ/	중간 /θ/	끝 /θ/
f	thin	without	faith
	think	within	both
	theme	nothing	month

three	something	south
through	anything	north
thorough	everything	earth
thumb	lengthy	growth
thick	mouthful	health
theater	strengthen	length
threat	wealthy	strength
thread	worthless	truth
thorn	sympathy	worth
thought	sympathetic	tooth
thirty	apathy	cloth
thirteen	apathetic	youth
thousand	healthy	depth
throw	Kathy	birth
Thursday	Timothy	breath
thirst	Dorothy	path
thing	McCarthy	beneath
thunder	filthy	wealth
thief		bath
throat		death

MP3 09-05

처음 /ð/	중간 /ð/	끝 /ð/
g the	other	clothe
this	rather	breathe
that	brother	smooth
they	mother	bathe
them	father	soothe
there	another	
these	weather (= whether)	
than	further	
then	neither	
though	gather	
thus	northern	
therefore	leather	
thy	worthy	
	clothing	

Rule 34 /z/는 /s/에 '으'를 더해 성대가 울리게 발음한다.

/z/와 가장 비슷한 소리는 /s/입니다. /s/는 무성음이고 /z/는 유성음이므로 /z/를 발음할 때는 성대를 울려 /s/를 발음하면 됩니다. 그럼 성대를 울리는 연습을 먼저 해야 될 것 같네요!

우선 운동장을 열 번 돈 후를 상상하며 양쪽 귀를 손으로 막고 숨을 거칠게 몰아쉬세요. 이렇게 해서 나오는 소리는 무성음 /h/입니다. 이제 두세 번 이렇게 숨을 쉰 후에 '아'를 길게 발음해 보세요. 목 안이 떨리는 것을 느끼실 수 있죠? 성대가 울릴 때 나는 소리입니다. 같은 방식으로 처음에는 방울뱀소리 /s/를 내다가 성대가 울릴 수 있도록 모음 '으'를 발음해 보세요. 혀가 뒤로 빠지는 게 느껴지죠? 그래서 /z/ 소리는 혀를 /s/ 발음하는 곳에 두고 '으'를 더해 성대가 울리게 하여 발음해야 합니다.

MP3 09-06

/s/	/z/	/s/	/z/
ⓗ Sue	zoo	fussy	fuzzy
sip	zip	lacy	lazy
sack	Zack	loose	lose
sap	zap	race	raise
seal	zeal	buss	buzz
sewn	zone		

/s/와 /z/의 차이점이 감 잡혔으면, 이제 /z/를 본격적으로 연습해 볼까요?

MP3 09-07

처음 /z/	중간 /z/	끝 /z/
zero	citizen	size
Xerox	horizon	organize
zenith	horizontal	realize
Zion	razor	recognize
zodiac	frozen	apologize
zombie	amazing	freeze
zebra	puzzle	memorize
zone	grizzle	jazz
zoom	dazzle	criticize
zealous	nozzle	bronze
zig-zag	dizzy	emphasize
zipper	blizzard	gaze
zillion	buzzer	analyze

지금까지 연습한 단어의 스펠링을 보면 /z/ 소리는 z 말고도 다른 알파벳에서도 나올 수 있다는 것을 알 수 있습니다. 우선 중간 /z/에 속해 있는 zz를 포함한 단어들이 눈에 띄네요. zz가 /z/로 발음되는 것은 당연하다고 생각하겠지만, pizza(피자)에 있는 zz는 /z/로 발음되지 않습니다. 우리말로 표기하자면 '피자'가 아니고 '피짜'에 훨씬 가깝죠. 원어민 같은 발음을 하려면 Lesson 7에서 배운 우리말 '씨'와 영어 알파벳 'C /si/'의 차이점을 똑같이 이용하면 됩니다. 혀를 좀 앞으로 내밀고 '짜'라고 발음해야 하죠.

❶와 ❶에 나열된 단어 중에서 첫눈에 띄는 것은 x로 시작하는 Xerox일 겁니다. 원래는 일본 Fuji사의 복사기 상표명이지만 '복사하다'라는 뜻의 동사로도 자주 쓰이죠. 혹시 영화 시리즈 X-Men이 왜 X-Men인지 아세요? 영화에서 휠체어를 타고 나오는 교수의 이름이 Xavier이기 때문이죠. 물론 이 이름에서 X는 /z/로 발음(/zéiviər/)이 됩니다. 하지만 영화에서는 /igzéiviər/로 발음하더군요. (서강대에도 'Xavier관'이라는 건물이 있습니다. 그런데 스페인 예수회 신부님의 이름을 따라 지은 건물명이기 때문에 스페인어식 발음인 '하비에르관'이라고 적혀 있죠.)

언뜻 'x가 어떻게 /z/로 발음이 될 수 있을까?'하는 생각이 들겠지만, exam처럼 ex로 시작하는 단어를 보면 x가 꽤 많은 단어에서 /z/소리로 발음 된다는 것을 알 수 있습니다.하지만 영어에서 ex로 시작하는 단어에서 x는 /gz/보다는 /ks/로 발음되는 경우가 더 많습니다. exciting, expect, extend처럼 ex 뒤에 자음이 오면 모두 /ks/로 발음되기 때문이죠. 하지만 ex 뒤에 모음이 온다고 전부 /gz/로 발음되지는 않습니다.

MP3 09-08

/z/	/s/
❶ executive	exercize
exhibit	exit
exhuast	execute
exaggerate	execution
example	exhibition

제 영어 이름 Isaiah를 생각해 보면 /z/ 발음은 s에서도 나온다는 것을 알 수 있죠. s가 /z/로 발음될 때는 제 이름같이 항상 모음 사이에 있습니다. 그런 면에서 볼 때 resource의 미국식 발음은 좀 이상하다고 볼 수 있습니다. 캐나다에서는 resource의 s를 /z/로 발음하지만 미국에서는 /s/로 발음하거든요. 단어 끝에 오는 -se는 /z/ 또는 /s/로 발음될 수 있습니다. 특히 house, excuse, use, close에서는 품사에 따라 -se의 발음이 변하기도 하죠.

MP3 09-09

/z/	/z/	/s/
k Isaiah	house (동사)	house (명사)
resist	excuse (동사)	excuse (명사)
resent	use (동사)	use (명사)
resign	close (동사)	close (형용사)
reason	because	increase
possess	propose	sense
music	suppose	course (= coarse)
design	please	case
disease	advise	purpose
easy	nose	universe
noisy	pause	nurse

제가 한국에 있을 때 군대를 다녀온 아는 형 몇몇은 훈련소에 다녀오고 지옥을 다녀온 기분이었다고 말해 주었습니다. 흰 팬티가 갈색으로 변할 때까지 구르고 목욕도 못 하게 한다는 얘기를 종종 들었죠. 그런데 미국 훈련소는 정반대였습니다. 저녁에 목욕을 안 하고 아침에 면도를 안 하면 되려 욕을 얻어먹죠. 한국 군대같이 때리는 일은 절대 없지만, 바로 코앞에서 귀 떨어지도록 큰 소리로 욕을 한 바가지 얻어먹고 나면 정신이 하나도 없습니다. 저는 매일 저녁 훈련을 마치고 샤워를 한 뒤 얼굴에 Johnson과 함께 PX에서 산 로션을 발랐습니다. 근데 이상하게 꼭 치약을 바른 것 같은 '화-' 한 느낌이 났습니다. 처음 며칠은 잠이 잘 안 와 Johnson한테 같이 산 크림이 얼굴에 바르는 것 맞냐고 물어서 확인도 하였습니다. 그랬더니 확실하다고 하더군요.

미국에서 야채를 사 본 분들은 잘 아시겠지만 미국에는 아주 큰 오이, 상추, 고추 등이 많습니다. '무식하게 큰 야채같이, 로션도 무식하게 강도 높게 만들었구만…….'이라 생각하고 참고 발랐습니다. 그리고 일주일이 넘어서야 왜 로션이 치약같이 '화-'한 느낌이 나는지를 알아냈습니다. 제가 너무 많이 발라서 그러나 싶어 하루는 세면장에서 Johnson을 기다렸죠. Johnson은 얼마나 바르나를 지켜보기 위해서였습니다. 근데 정말 기가 막힌 일이 벌어졌습니다. Johnson은 저와 같이 산 크림을 얼굴에 열심히 바르더니 세수를 하는 것이었습니다. 제가 매일 저녁에 샤워 후 얼굴에 바르던 건 로션이 아니라 클렌징크림(cleansing cream)이었던 것이었습니다. 한국에서 즐겨 쓰던 '니베아(Nivea)'라는 로션과 비슷한 파란통에 들어 있는, 이름도 같은 N으로 시작하는 Noxzema라는 클렌징크림이었습니다. 이때 확실히 배운 z 발음……. z 발음 수업을 할 때면 웃지 못할 그 일이 항상 생각이 납니다.

크림?
Yes.
아… 클렌징
크림이었구나.
Noxzema
클렌징크림

Rule 35 /ʒ/는 /ʃ/에 '으'를 더해 성대가 울리게 발음한다.

어느 날 미국인 친구 한 명이 저의 usually 발음이 틀렸다고 말해 주더군요. 제가 /dʒ/ 발음도 해 보고 /z/ 발음도 해 보니까 둘 다 아니고 중간발음이라는 어정쩡한 설명을 해 주었습니다. /dʒ/와 /z/의 가운데 발음을 찾아내기 위해 usually를 수백 번 되풀이한 저는 장장 5시간 후 마침내 비슷한 발음을 할 수 있었습니다.

몇 년 후 저는 언어학 개론 수업에서 자음표를 배우고 나서 쉬운 발음을 괜히 어렵게 배웠다는 것을 깨닫고 실망했습니다. 알고 보니 /ʒ/는 /ʃ/를 유성음으로만 발음하면 되는 것이었습니다. 우리나라 사람들은 보통 /dʒ/로 발음하는데 /ʒ/와 /dʒ/는 엄연히 다른 소리입니다.

MP3 09-10

/ʒ/	/dʒ/
❶ version	virgin
Asian	agent
lesion	legion
pleasure	pledger

프랑스 어와 달리 영어에서는 /ʒ/로 시작되는 단어가 없습니다. 영어에서 사용되는 genre /ʒánrə/ '쟝르'도 사실은 프랑스 어입니다. /ʒ/로 끝나는 영단어도 많지 않죠. 그리고 gara**ge**처럼 흔히 사용하는 단어는 /dʒ/로 발음하기도 합니다.

MP3 09-11

처음 /ʒ/	중간 /ʒ/	끝 /ʒ/
ⓜ genre	usually	garage
	casual	massage
	measure	prestige
	treasure	mirage
	conclusion	beige
	decision	espionage
	television	corsage

Rule 36 음절 처음에 오는 /r/을 발음하기 위해선 우선 입술을 오므리고 혀를 뒤로 뺀다. 그런 후에 혀끝을 천장에 닿지 않을 정도로 올린 뒤 혀를 펴면서 발음한다.

/r/은 위치에 따라 혀의 움직임이 달라집니다. 단어 처음이나 음절 처음, 또는 pr, br, tr, dr, cr, gr처럼 뭉쳐 있는 자음에 오는 /r/은 먼저 혀보다 입술을 오므리고 발음하는 것이 중요합니다. 혀를 움직이지 않고 입술만 동그랗게 오므리면 /w/(우)소리가 나죠? 그래서 미국 아기들은 처음 /r/ 발음을 못할 때 ride를 wide라고 발음합니다.

입술을 오므린 후 혀를 뒤로 빼고 혀끝을 위로 올려 보세요. 이때 혀에 힘을 주고 입천장에 혀가 닿지 않게 하는 것도 아주 중요합니다. 단어 처음에 있는 /r/은 이렇게 뒤로 빠진 상태에서 혀끝이 빳빳하게 올라간 혀가 펴지면서 발음됩니다.

단어 처음 /r/	음절 처음 /r/	뭉친 자음 /r/
n right	berry	pray
ride	very	tray
real	unreal	cream
rise	arise	group
rose	arose	bring
record (명사)	carry	price
read	experience	control
result	direct	comprise
reach	century	free
rinse	operation	friend
road	general	agree
rule	story	across
rest	serious	break
ready	foreign	draw
respect	average	strike
reduce	seperate	throne
rough	hurry	degree
republic	salary	abroad
resist	every	extra

앗! 교수도 이런 적이!

/r/ 발음이 어렵다는 것을 제가 피부로 처음 느꼈던 곳은 1990년 처음 미국으로 가는 비행기 안에서였습니다. 미국으로 이민 갈 때 저와 제 동생은 표값이 싼 Northwest라는 미국 항공사 비행기를 타고 갔습니다. 저는 한국에서 주로 콜라보다는 칠성사이다를 즐겨 마셨기 때문에 승무원이 무슨 음료를 원하냐고 물었을 때 자연스럽게 "사이다, 프리즈"라고 했습니다. 승무원이 제 말을 못 알아듣자 전 완전한 문장을 사용해야 하는 줄 알고 "프리즈, 기브 미 사이다"라고 정중하게 말을 했지만 여전히 제 말을 못 알아들었습니다.

왜 승무원이 '사이다'를 모를까 의아해 했지만 할 수 없이 저는 "콜라, 프리즈"라고 말했습니다. '혹시 사이다가 다 떨어졌나?' 하는 생각을 하고 있을 때 건너편 복도쪽 자리에 있는 백인이 사이다를 마시는 것을 보았습니다. 어떻게 말해야 사이다를 마실 수 있는지 다음번 승무원이 왔을때 그 백인이 하는 말을 귀 기울여 들었습니다. 정신을 바짝 차리고 들었지만 '울', '울'이라는 전혀 단어같지 않은 소리를 내었죠. 그후도 계속 그 백인은 '울', '울'이란 소리로 사이다를 주문했지만, 결국 전 콜라만 마시며 태평양을 건너고 말았습니다.

나중에 알고 보니 그 사람이 마시던 사이다는 Sprite(스프라이트)였습니다. 제가 미국으로 떠난 1990년에는 스프라이트가 한국에 없었습니다. 칠성사이다와 킨사이다만 마시던 제가 처음 들어보는 Sprite라는 단어를 알아듣기는 무리였죠. 처음으로 듣는 본토 /r/ 발음이 저에게는 돼지 울음 비슷한 '울'로밖에 들리지 않았습니다. cider(사이다)라는 단어가 미국에서는 사과주스와 비슷한 음료라는 것을 알고 칠성사이다를 원망하기 시작했고, 비행기에서 사이다를 못 마신 것이 한이 된 저는 그후 2년간 줄곧 Sprite만 마셨습니다.

사이다,
프리즈
?
프리즈,
기브 미
사이다
…
…
콜라,
프리즈
울!
OK
?!
사이다
콜라

Rule 37 음절 끝에 오는 /r/은 입술을 오므리지 않고 혀를 뒤로 빼면서 혀끝을 입천장에 닿지 않을 정도로 올리며 발음한다.

단어 끝이나 음절 끝에 있는 /r/은 평평하게 펴져 있는 혀가 뒤로 빠지며 혀끝이 입천장에 닿지 않을 만큼 올라가면서 발음됩니다. 단어 처음에 오는 /r/과는 달리 입술을 동그랗게 오므리지도 않습니다. 그래서 단어 끝에 오는 /r/을 발음하는 게 더 어렵죠.

MP3 09-13

단어 끝 /r/	음절 끝 /r/	단어 끝 자음 앞 /r/
o car	service	park
doctor	certain	work
never	parking	word
bear	important	art
other	determine	export
before	party	course
number	department	court
nature	university	force
clear	market	support
offer	surface	effort
entire	further	learn
color	morning	charge
floor	opportunity	observe
hair	permit	earth
dollar	army	farm
anger	corner	pattern

미국영어와 영국영어 발음의 가장 큰 차이점은, 미국영어에서는 t와 d를 모음 사이에선 'ㄹ'로 발음한다는 것과 영국영어에서는 단어 끝에 있는 /r/ 발음을 하지 않는다는 것입니다. 미국에서도 Boston에서는 단어 끝에 있는 /r/ 발음을 하지 않지만 표준발음으로 인정되지 않기 때문에 Boston 발음은 사라져 가는 추세죠.

Rule 38 단어 처음, 뭉친 자음, '-ly'에 나오는 '밝은 /l/'은 혀로 윗니 뒤쪽을 세게 밀면서 발음한다.

/l/도 음절의 처음에 오는지 끝에 오는지에 따라 발음을 다르게 합니다. 하지만 /r/과는 달리 이 두 소리가 현저히 달라서 하나는 '밝은 /l/', 또 하나는 '어두운 /l/'이라고 부르죠. '밝은 /l/'은 음절의 처음에서 나는 소리로, 예를 들어 love, play, exactly 등이 있습니다. '밝은 /l/'을 발음할 때는 /r/과 달리 혀끝이 윗니 뒤 입천장에 닿습니다.

우리말 'ㄹ'과는 달리 '밝은 /l/'은 혀에 힘을 많이 주고 발음해야 합니다. '라'를 다섯 번 연속해서 '라라라라라'라고 발음해 보세요. 혀에 전혀 힘이 안들어가고 발음이 됩니다. 이번엔 '랄'을 다섯 번 연속해서 '랄랄랄랄랄'이라고 발음해 보세요. 혀에 힘이 들어가는 것을 느낄 수 있죠? 이렇게 혀에 힘이 들어가며 발음이 되는 겹친 'ㄹ' 소리가 '밝은 /l/'입니다. 쉽게 말하면 '밝은 /l/'은 쌍 'ㄹ'이라고 보면 되겠죠.

집중적으로 '밝은 /l/' 발음을 연습하기 전에 먼저 /r/과 /l/의 발음을 비교해 보겠습니다. 단어 처음의 /r/을 발음할 때는 입술을 오므려야 한다는 것을 꼭 기억하세요.

MP3 09-14

/r/	/l/
p rake	lake
right	light
read	lead
rice	lice
rock	lock
road	load
pray	play
brew	blue
crowd	cloud
fry	fly
correct	collect
grass	glass

'밝은 /l/'이 쌍 'ㄹ'이라는 것은 play와 pray를 비교해 보면 알 수 있습니다. play를 우리말로 쓰면 '플레이'가 되지만 pray는 '프뤠이'가 되죠. blue, cloud, fly, glass에서도 모두 /l/은 'ㄹ'이 두 번 발음됩니다. lake처럼 /l/이 단어 처음에 올 때는 'ㄹ'을 두 번 발음할 수 없기 때문에 앞에 살짝 '을'을 붙여 준다고 생각하면서 발음해도 좋겠죠. 하지만 '을'을 생각하지 않고도 발음이 되도록 연습해야 합니다. 혀에 힘을 주고 혀끝을 뾰족하게 만든다고 생각해 보세요. 뾰족하게 된 혀끝으로 윗니를 뒤에서 밀며 발음하면 '밝은 /l/'이 됩니다.

MP3 09-15

단어·음절 처음 /l/	뭉친 자음 /l/	'-ly'로 끝나는 단어
ⓐ lady	clear	lovely
left	complete	seriously
lost	include	honestly
love	club	precisely
let	black	family
less	employ	likely
lack	floor	daily
lock	slight	friendly
listen	claw	hardly
loan	clean	early
leaf	apply	lonely
lung	supply	currently
lemon	claim	ugly
relation	influence	entirely
relative	blue	directly
police	sleep	exactly
quality	blood	heavily
knowledge	declare	hopefully
population	clay	weekly
electric	blow	hourly
regular	plan	namely
unless	plant	nearly

Rule 39 단어 끝에 오는 '어두운 /l/'은 뻣뻣한 목으로 발음한다.

bill과 같이 단어 끝에 오는 '어두운 /l/'은 /r/보다도 어려운 자음이므로 많은 연습이 필요합니다. 87쪽 자음표에서도 볼 수 있듯이 '밝은 /l/'과 달리 '어두운 /l/'은 목 안쪽에서 소리가 납니다. (밝은 /l/은 4번 열에 속해 있지만, 어두운 /l/은 6번 열에 속해 있습니다.) 다시 말해 '밝은 /l/'은 힘이 들어간 혀를 윗니 뒤쪽에 대고 발음하는 소리인 데 반해 '어두운 /l/'은 목에 힘을 주고 혀를 목구멍 쪽으로 끌어당기며 내는 소리입니다.

남자가 '어두운 /l/'을 발음하면 목에 힘을 줄 때 성대가 밑으로 내려가는 것을 볼 수 있습니다. 단어 끝에 오는 /r/을 발음할 때는 볼 수 없는 현상이죠. 그리고 '밝은 /l/'과는 달리 혀를 윗니 뒤에 대는 것도 중요하지 않습니다. '어두운 /l/'은 목 쪽에서 이미 발음이 난 후에 혀를 윗니 뒤에 대는 것이기 때문이죠. 이렇게 목에 힘을 주지 않고 단지 혀만 목구멍 쪽으로 끌어서 발음하면 /r/이 되고 맙니다. 그래서 목에 힘을 주는 것이 아주 중요하죠.

목 가운데 성대가 있는 부분에 손을 대고 침을 삼켜 보세요. 성대가 위로 움직이는 것을 느낄 수 있죠? 다시 손을 대고 이번엔 아침에 이를 닦다 칫솔이 너무 깊이 들어갔을 때 나는 구역질을 흉내 내 보세요. 성대가 밑으로 내려가는 것을 느낄 수 있을 겁니다.

'어두운 /l/'은 이렇게 성대가 내려가는 식으로 목에 힘을 주면서 발음하는 것입니다. 그러면 자연히 혀도 목 쪽으로 움직이게 되죠. 성대가 내려가도록 목에 힘주는 연습이 되기 전까지는 레스토랑에서 식사하신 후 절대 "Bill, please!"라고 하지 마세요. 시키지도 않은 맥주만 가져옵니다.

MP3 09-16

어두운 /l/	단어 끝 /r/
r bill	beer
bell	bear
pill	peer
hill	hear
tile	tire
file	fire
mile	mire
wail	where

MP3 09-17

단어 끝 /l/	음절 끝 /l/	단어 끝 자음 앞/l/
s ball	value	fault
bull	almost	result
kill	always	build
tall	already	cold

call	shelter	health
bowl	soldier	wild
several	seldom	child
probable	silver	hold
example	else	help
usual	also	difficult
whole	although	milk
simple	altogether	fold
equal	almighty	self
medical	elder	belt
sale	false	salt
smile	illness	shield
detail	golden	guilt
moral		
single		
trouble		
official		
hotel		
fail		
sample		
title		
circle		

* 묵음 *
walk, talk, stalk,
calm, chalk, palm,
calf, half

Rule 40 '우, 오' 앞에 오는 /w/는 아기에게 뽀뽀할 때처럼 입을 쭉 내밀고 발음한다.

/w/는 우리말에서 모음 '우'나 '오'로 표기가 됩니다. 예를 들면 we /wiː/는 '우+이'인 '위'로 표기가 되고, when /wen/은 '우+에+ㄴ'인 '웬'이 되고, were /wər/은 '우+어+r'인 '워r'이 되고, what /wɑt/은 '오+아+ㅌ'인 '왙'이 되죠. 그래서 /w/가 정작 wound처럼 '우'/uː/나 won't처럼 '오우'/ou/ 모음 앞에 오면 발음을 할 수 없게 됩니다. 이럴 때는 귀여운 아기에게 뽀뽀할 때처럼 입을 쭉 내밀고 '우', '오'라고 발음해야 하죠.

wore처럼 /w/가 /ɔr/ 앞에 있을 때도 입을 쭉 내밀고 '오'라고 발음해야 합니다. 그렇지 않으면 or과 똑같은 발음이 되어 버리고 말죠. 우리나라 발음으론 war를 were와 동일하게 '워'로 발음하는데 사실 war은 wore과 같은 발음입니다. 마찬가지로 worm /wərm/과 warm /wɔrm/도 같은 발음이 아니죠.

MP3 09-18

	/wər/	/wɔr/
t	were	wore
	worm	warm
	worrier	warrior
	worship	warship

MP3 09-19

	/wuː/	/wou/	/wɔr/
u	wound (상처)	won't	wardrobe
	wounded	woke	warning
	woo	worn	warranty

Rule 41 '이' 앞에 오는 /j/를 발음하려면 우선 '예'로 발음할 준비를 하여 혀가 제 위치에 오게 한다.

우선 기억해야 할 것은 발음기호 /j/가 알파벳으로는 y로 표기된다는 것입니다. /j/는 세계 공통적으로 사용되고 있는 IPA(International Phonetic Association) 발음기호를 따른 것인데 미국에서 출판되는 사전을 비롯해 많은 발음책들이 /j/ 대신 /y/를 사용하기도 하죠. 하지만 영한사전은 /j/를 사용하고 있기 때문에 이 책에서도 같은 발음기호를 사용했습니다.

/j/는 우리말에서 '야, 여, 요, 유, 예, 얘'의 이중모음으로 표기됩니다. 예로는 yard '야알(r)드', young '영', yoga '요우가', you '유', yes '예스' 등이 있죠. 이 /j/ 소리가 모음 '이' 앞에 오면 우리말로는 표기가 안 됩니다. 그래서 우리나라 사람은 east와 yeast를 똑같이 '이스트'라고 발음하죠. 하지만 yeast에는 앞에 y가 있는데 east와 발음이 똑같을 리 없습니다. 물론 ear과 year도 발음이 다릅니다.

east와 yeast, 또 ear과 year이 다르게 발음된다는 것은 우리나라 사람들에게는 도무지 이해가 되지 않습니다. 저 또한 yeast와 year의 발음은 잘 되지 않죠. 제가 대학원 시절, 시간이 날 때마다 미국인 친구들을 붙잡아놓고 yeast를 연습했었는데, 그때마다 yes, young, yard, you, yoga는 다 발음하면서 yeast만은 못하는 저를 보며 친구들은 아주 신기해 했었습니다. 나중에는 한 친구가 저의 성을 아예 '유'에서 '우'로 바꾸라고 하더군요. '유'에서 /j/를 빼면 모음 '우'만 남기 때문이죠.

한번 '우'와 '유'를 번갈아 가며 발음해 보세요. '유'를 발음할 때 혀의 뒤쪽 부분이 위로 움직이면서 살짝 입천장에 닿는 걸 느낄 수 있죠? '에'와 '예'를 번갈아 말해도 마찬가지입니다. 이렇게 /j/는 혀의 중간이나 뒷부분이 입천장에 닿으면서 나는 소리입니다. 그래서 저는 yeast를 말할 때 '예'를 먼저 생각합니다. 그럼 저절로 혀가 제 위치에 가게 되죠. 그리고 그 상태에서 east를 발음하면 제 친구들이 yeast 발음이 됐다고 말해 줍니다. 그나마 다행인 것은 '이' 앞에 /j/가 오는 단어는 극히 드물다는 것이죠.

MP3 09-20

	/iː/	/jiː/
v	ear	year
	eel	yield
	east	yeast

혹시, 부르기 싫어하는 크리스마스 캐럴이 있으세요? 제가 가장 싫어하는 캐럴은 O Come, All Ye Faithful입니다. 발음에 자신 없는 ye /jiː/가 세번이나 나오기 때문이죠.

w	O come, all **ye** faithful, joyful and triumphant
	O come **ye**, O come **ye**, to Bethlehem
	Come and behold Him, born the King of angels
	O come, let us adore Him
	O come, let us adore Him
	O come, let us adore Him
	Christ the Lord

ye라는 단어는 중세영어에서 복수형 2인칭을 가리킬 때 쓰였던 단어입니다. 요즘은 주로 you guys를 써서 복수를 나타내죠. ye라는 단어가 현대 영어에서 사라졌다는 것은 정말 다행한 일입니다. 안 그랬더라면 정말 스트레스 받았을 뻔했습니다.

Rule 42 /d/와 /n/이 나란히 발음될 때는 '든'이라고 발음하지 않고, /d/는 앞 음절의 받침으로 발음하고 /n/은 혀를 입천장에 붙인 채 살짝 '은'으로 발음한다.

자음에 관한 마지막 두 소리, 음절 n과 숨멎는 t는 87쪽 자음표에는 나와 있지 않지만 원어민 같은 발음을 하기 위해서나 원어민의 발음을 이해하기 위해서는 꼭 배워야 하는 소리입니다. 먼저 음절 n에 대해 설명하겠습니다.

did not을 줄인 didn't의 발음은 어떻게 될까요? '디든트'는 틀린 발음입니다. 모음의 숫자를 세어 보면 금방 알 수 있죠. didn't에는 모음이 하나밖에 없지만 '디든트'에는 세 개나 됩니다. '디른'도 정확한 발음이 아닙니다. 아직도 모음이 두 개가 있기 때문이죠.

보통은 음절을 이루는 데 모음이 필요하지만 didn't처럼 n이 모음 없이 음절을 이루는 경우가 있습니다. 그래서 음절 n이라고 불리지요. didn't의 발음이 어려운 이유는 d와 n이 같은 자리에서 발음이 나기 때문입니다. (87쪽 자음표를 보면 같은 4번 열에 속해 있습니다.) '든'을 발음해 보세요. 혀가 한번 입천장에서 떨어졌다 다시 붙는 것을 느끼실 수 있죠? 혀가 떨어질 때 모음 '으'를 발음하는 것입니다.

이번에는 '딛'을 말하고 혀가 떨어지지 않은 상태로 살짝 '은'을 말해 보세요. 이렇게 혀를 떼지 않고 '딛은'을 말하면 d와 n 사이에 모음을 넣지 않고 didn't를 발음할 수 있게 됩니다. 하지만 천천히 발음하거나 문장 끝에 오는 경우가 아니면 주어가 자음으로 끝날 때에는 '딘'으로, 모음으로 끝나면 '린'으로 발음되죠. 그래서 I didn't do it은 보통 '아 린 **두** 잍'으로 발음됩니다.

MP3 09-21

	틀린 한국식 발음	원어민 발음
x No, I didn't.	노, 아이 디든트	노우, 아 딛은
Ken didn't do it.	켄 디든트 두 잍	켄 딘 두 잍
He dind't do it.	히 디든트 두 잍	히 린 두 잍

음절 n은 sudden, wooden, garden, Jordan과 같은 단어에서도 찾아볼 수 있지만 shouldn't have와 같이 조동사와 have 사이에 올 때를 중점적으로 연습해야 합니다. 의미상으로 중요한 not이 들릴 듯 말 듯한 '은'으로 발음되는 것을 모르면 원어민의 대화를 이해할 수 없기 때문이죠.

MP3 09-22

	틀린 한국식 발음	원어민 발음
y shouldn't	슈든트	슏은
wouldn't	우든트	웓은
couldn't	쿠든트	큳은
shouldn't have	슈든트 해브	슏은르(v)브
wouldn't have	우든트 해브	웓은르(v)브
couldn't have	쿠든트 해브	큳은르(v)브
	틀린 한국식 발음	원어민 발음
z I should have done it.	아이 슈드 해브 던 잍	아 슈르 더닡
I would have done it.	아이 우드 해브 던 잍	아 워르 더닡

I could have done it.	아이 크드 해브 던 잍	아 크르 더닡
I shouldn't have done it.	아이 슈든트 해브 던 잍	아 슈ㄷ은르ㅂ 더닡
I wouldn't have done it.	아이 우든트 해브 던 잍	아 웓은르ㅂ 더닡
I couldn't have done it.	아이 쿠든트 해브 던 잍	아 큳은르ㅂ 더닡

영어에서는 이렇게 단어 끝에 n이나 m이 자음 바로 뒤에 나오는 경우가 가끔 있습니다. 우리말에도 '젊다'처럼 'ㄹ'과 'ㅁ'이 함께 받침으로 쓰이지만 정작 말할때는 '점다'로 발음을 합니다. 하지만 영어는 film과 같은 단어에서 l과 m을 중간에 모음을 넣지 않고 모두 발음합니다. 우리말 발음같이 '름'이라고 하면 혀가 떨어지면서 l과 m 사이에 모음이 들어가게 되죠.

또 /l/은 음절 끝에 오므로 '어두운 /l/'로 발음이 됩니다. 그래서 film을 정확히 발음하기 위해선 '어두운 /l/'도 발음이 되어야 되고, /l/과 /m/ 사이에 모음을 넣지 않는 연습도 되어야 됩니다. 그리고 /l/로 인해 모음이 변해 '필름'보다는 '(f)피염'에 가깝습니다. 미국에는 Elm Street이라는 길이 많은데 이 elm도 '엘름'이 아니고 '에염'에 가깝죠. (자세한 이유는 Lesson 12 우리말에 없는 모음에 유의하자!에서 설명하겠습니다.)

Rule 43 /t/ 뒤에 자음이 오면 '트'라고 발음하지 않고 그냥 잠시 숨을 멈춘다.

음절 /n/은 /t/ 뒤에서도 나타납니다. /t/는 음절 /n/과 쓰였을 때 '숨멎는 /t/'로 발음됩니다. 좋은 예로 button이 있죠. 미국사람들은 '버튼'이라고 하지 않고 '벋'을 말하고 숨을 잠시 멈춘 후 음절 /n/(은)을 발음합니다. 무거운 피아노를 혼자 들어 올리려고 힘쓰는 걸 상상해 보세요. '흐-윽'이라는 소리와 함께 숨을 멈추겠죠? 바로 이렇게 목구멍에서부터 숨을 멈출 때 나오는 소리가 '숨멎는 /t/'입니다. '잠시 숨멎음'은 'ㅣ'로 표기하겠습니다.

MP3 09-23

	틀린 한국식 발음	원어민 발음
ㄱ button	버튼	벋ㅣ은
cotton	카튼	칻ㅣ은
Newton	뉴튼	눝ㅣ은
eaten	이튼	잍ㅣ은
written	리튼	(r)륕ㅣ은
mitten	미튼	밑ㅣ은
Britain	브리튼	브(r)륕ㅣ은
Manhattan	맨하탄	맨햍ㅣ은
patent	패튼트	팯ㅣ은
potent	포튼트	포웉ㅣ은

MP3 09-24

	틀린 한국식 발음	원어민 발음
ㄴ important	임포튼트	임폴(r)ㅣ은
curtain	커텐	컬(r)ㅣ은
certain	써튼	썰(r)ㅣ은

captain	캡틴	캡ᅵ은
mountain	마운튼	마운ᅵ은
sentence	쎈텐스	쎈ᅵ은스

사실 '숨멎는 /t/'는 음절 /n/뿐만이 아니고 모든 자음 앞에서 나는 소리입니다. immediately에서도 /t/ 뒤에 발음상으로 바로 /l/이 오기 때문에 '숨멎는 /t/'로 발음이 되죠.(t 뒤의 e는 묵음입니다.) 그래서 '이**미**디어트리'가 아니고 '이**미**리엍'이라고 발음한 뒤 숨을 잠시 멈추고 '리'라고 발음합니다.

MP3 09-25

	틀린 한국식 발음	원어민 발음
ㄷ immediately	이미디어트리	이미리엍ᅵ리
definitely	데피니트리	데(f)퍼닡ᅵ리
absolutely	앱솔루트리	앱썰룰ᅵ리
ultimately	울티메이트리	얼터멑ᅵ리

또 숨멎는 /t/는 단어 사이에도 자주 나타납니다. 원어민은 '앹ᅵ리스트'(at least)로 간결하게 발음하는데 '애트 리스트'라고 발음하면 폼이 안 나겠죠.

MP3 09-26

	틀린 한국식 발음	원어민 발음
ㄹ at least	애트 리스트	앹ᅵ리스트
at once	애트 원스	앹ᅵ원스
It sucks.	이트 썩스	잍ᅵ썩스
Let me do it.	레트 미 두 잍	렡ᅵ미 두 잍
I can't do it.	아이 캔트 두 잍	아 캔ᅵ두 잍

앗! 교수도 이런 적이!

1992년 1월, 저는 미국에서 고등학교를 중퇴한 지 일 년 만에 18살만 넘으면 아무나 갈 수 있는 community college에 입학했습니다. 많은 친구들은 산타모니카 비치 근처에 있는 Santa Monica College(SMC)를 다녔지만 전 집에서 가장 가까운 Los Angeles City College(LACC)를 선택했습니다. 오전 수업을 마치고 11시 30분부터 설렁탕 배달을 해야 했던 저는 바닷가 근처의 SMC를 다닐 여건이 되지 않았죠.

ESL 수업으로 LACC의 첫 학기를 무사히 마친 후, 주원이 형의 권유로 Health 11이라는 ESL 수업이 아닌 과목을 수강하기로 했습니다. 영어도 못하는데 어떻게 미국애들과 같이 수업을 듣냐고 하자, Health 11 시험은 담배를 피우면 몸에 좋은지 나쁜지를 물어보는 정도의 상식적인 문제만 나오는 가장 쉬운 과목이니 걱정할 필요가 전혀 없다고 했죠. 수업은 빠지지 않고 꼬박꼬박 열심히 다녔지만, 교수님이 하는 말을 전혀 알아들을 수가 없었습니다. 하지만 저는 주원이 형이 해 준 말을 굳게 믿고 있었습니다. 두 달이 지난 후 첫 시험인 중간고사 시험지를 받고 주원이 형한테 배신감을 느꼈죠. 50문제 중 해석이 되는 문제가 5개 있었는데 전혀 상식으로 풀 수 없는 문제였습니다. 주원이 형은 이상한 교수를 만나서 그렇다며 다음 학기에 다시 들어보라고 하였고, 전 또 다시 형의 말을 믿었지만 결과는 똑같았습니다.(-_-;)

가장 쉬운 과목을 두 번이나 drop해야 했던 저는 한인타운에서 낮에는 설렁탕 배달을 하고 밤에는 중앙일보 발송부에서 신문을 싸는 생활을 계속해서는 절대 영어를 잘 할 수 없을 거라는 생각을 하게 되었습니다. '어떻게 하면 영어만 하는 곳에 가서 살 수 있을까?' 곰곰이 생각한 끝에 군대를 가기로 결정하였습니다.

LACC에서 가장 쉬운 Health 11을 두 번째 drop하던 날, 저는 이전에 받았던 recruiter(신병 모집자)의 명함을 찾아 전화를 걸었습니다. (한국과 달리 미국에서는 병역의 의무가 없기 때문에 recruiter라는 군인들이 대학을 돌아다니며 신병을 모집합니다.) 아직 영어가 미숙

했기 때문에 일 년 후 군대를 가려고 마음먹고 입대시험을 어떻게 준비하면 좋겠는지에 대해 물어보기 위해 연락했던 것이죠. 제 전화를 받은 군인 아저씨는 친절하게 저희 집으로 직접 와서 모의시험을 보게 해 준다고 했습니다. 모의시험은 정말 쉬웠습니다. 수학은 초등학교 수준이었고 영어는 중학교 1, 2학년 영어 수준이었죠. 시험 후 군인 아저씨는 제 영어 수준이 대학교 2학년 수준이라고 말했습니다. 영어 때문에 입대를 꺼려 하고 있던 제 심정을 파악하고 한 거짓말이라는 것을 눈치챘지만, 한편으로는 상당히 기분이 좋았습니다. 제 방에서 모의고사를 본 지 한 달이 채 안 돼 저는 ASVAB라는 정식 시험을 치르고, Chemical Operation Specialist라는 거창한 이름을 달고 미국 남부 알라바마(Alabama) 주에 있는 머클렐런(Fort McClellan)이라는 군부대 훈련소로 향하는 비행기를 탔습니다. '대학교 2학년 수준의 영어'라는 사탕발림에 넘어가고 말았던 것이죠.

제가 훈련소에서 가장 친하게 지내던 사람은 bunk buddy인 흑인 친구 Johnson이었습니다. (군대에서 쓰는 2층 침대를 bunk bed라고 하고 같은 2층 침대를 쓰는 사람을 bunk buddy라고 합니다.) 정말 성격 좋고 얼굴은 유명한 농구 선수 마이클 조던을 닮아 인상도 아주 좋은 친구였습니다. 하루는 훈련이 끝나고 옷을 갈아입으면서 저한테 "My voice is 호올스."라고 하더군요. '내 목소리는 '호올스 (horse 말)'이다???' 전혀 이해가 안 되는 문장이었습니다. 왜 네 목소리가 '호올스'냐고 묻자 훈련이 너무 힘들어 목이 아파서 그렇다고 했습니다. '호올스'가 '말'이 아니고 '목이 쉬었다'란 뜻인 것을 깨닫고, '호올스' 스펠링이 뭐냐고 묻자, '말'과 똑같은 horse라고 했습니다. Johnson은 아마 말같이 열심히 뛰고 일을 하면 목이 쉬기 때문에 나온 말 같다고 친절히 설명해 주었고, 저는 '내가 드디어 진짜 영어를 배우는구나!' 하며 흥분을 감추지 못했죠. 그런데 나중에 알고 보니 '목이 쉬다'의 스펠링은 horse가 아닌 hoarse였습니다.

My voice is 호올스.
horse?
Yes.
목이 아파서…
말처럼 너무 뛰어서 힘들어서 나온 말인가…
호올스 스펠링이 뭐야?
horse
horse(X) hoarse(○)
OK
ㅋㅋ

LISTENING & PRONUNCIATION MANUAL

PART

4

모음 정복
The Vowels

Lesson 10

모음의 발음기호와 알파벳

알파벳에는 모음이 a, e, i, o, u, 5개뿐이지만, 실제로 쓰이는 모음의 발음기호는 10개가 넘습니다. 영어의 모음은 입 모양, 혀 위치, 턱 높이의 3가지 기준으로 분류를 합니다. 하지만 한국인이 입 모양과 혀 위치를 신경 쓰며 배워야 할 영어의 모음은 없습니다. 한번 /iː/(이)와 /uː/(우)를 번갈아가면서 발음해 보세요. /uː/(우)를 발음할 때 입술이 동그랗게 모아지면서 혀가 뒤로 빠지는 것을 느낄 수 있습니다. 반대로 /iː/(이)를 발음할 때는 혀가 앞으로 가는 것을 느낄 수 있죠.

영어의 /iː/와 /uː/는 각각 우리말의 '이', '우'와 똑같은 모음이지만, 프랑스어와 중국어에는 우리말엔 없는 '이'와 '우'를 합친 모음이 있습니다. '이'를 발음하면서 입술은 '우'처럼 동그랗게 하고 발음해야 하는 모음이죠. 프랑스 어와 중국어를 공부하는 많은 우리나라 사람들이 '위'라고 잘못 생각하고 있는 발음입니다. 영어에는 이런 어려운 모음이 없어서 참 다행이죠.

Rule 44 영어의 모음을 발음할 때는 턱 높이에 신경을 쓴다.

우리말에 없는 영어의 모음은 /i, æ, a/ 3가지입니다. 이 모음들은 턱 높이의 조절만으로 발음이 가능하죠. 예를 들면 /æ/는 우리말 '에/애'를 입을 크게 벌려 발음하면 됩니다. 입을 크게 하려면 턱이 자연적으로 내려가겠죠.

아래의 모음표에 /æ/가 /e/(에/애) 밑에 있는 있는 이유가 바로 이것 때문입니다. (원래는 '에'보다 '애'가 낮은 모음이었는데 요즘은 이 두 모음을 똑같이 발음합니다.)

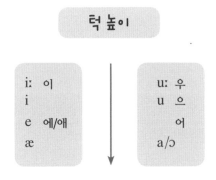

턱 높이

		↓		
iː	이		uː	우
i			u	으
e	에/애			어
æ			a/ɔ	

*영영사전에서는 /e/ 대신 /ɛ/를 주로 사용합니다.
**/ / = 강세 있는 모음, /ə/ = 강세 없는 모음

작은 북과 큰 북 중에 어떤 북이 더 깊고 낮은 소리를 낼까요? 물론 큰 북이겠죠. 큰 북에서 깊고 낮은 소리가 나는 것처럼 입을 크게 벌리고 '에'와 '아'를 발음하면 좀 더 깊고 낮은 목소리가 나오게 됩니다. 이 사실을 깨달은 저는 여자와 대화할 때는 항상 우리말보다 영어를 선호했죠. (자세한 모음표와 /i, æ, a/의 발음은 Lesson 12 우리말에 없는 모음에 유의하자!에서 자세히 설명하겠습니다.)

자음과 달리 모음은 지방에 따라 모음의 숫자가 달라집니다. 지방에 따라 쓰이는 모음에 차이가 있다는 것은 모음을 듣고 어느 지방 사람인지를 판단할 수 있다는 이야기도 되죠.

예를 들면, California가 있는 서부의 발음과 New York이 있는 동부 발음의 가장 큰 차이점 중 하나는 /ɔ/ 발음입니다. New York과 달리 California에서는 /ɔ/를 /a/로 발음합니다. (/ɔ/는 '오'를, /a/는 '아'를 입을 조금 더 크게 벌리고 발음하면 됩니다.)

MP3 10-01

	California	New York
ⓐ on	안	온
dog	다악	도옥
gone	가안	고온
boss	바ㅅ~	보ㅅ~
bought	밧	봇
thought	(θ)땃	(θ)똣
talk	탁	톡
walk	왁	웍
chalk	촥	촉
caught	캇	콧
sauce	싸ㅅ~	쏘ㅅ~
daughter	다럴(r)	도럴(r)
awesome	아썸	오썸
law	(을)라	(을)로
draw	주(r)롸	주(r)로

/ɔ/가 /r/ 앞에 올 때는 신기하게도 California와 New York의 발음이 정반대로 됩니다. ⓐ에서는 /ɔ/가 California에서는 '아'로, New York에서는 '오'로 발음했지만, orange와 같은 단어에서는 California에서

'오'로, New York에서 '아'로 발음하죠.

MP3 10-02

	California	New York
ⓑ orange	오(r)뤈쥐	아(r)뤈쥐
horrible	호(r)뤄블	하(r)뤄블
foreign	(f)포(r)뤈	(f)파(r)뤈
forest	(f)포(r)뤄스트	(f)파(r)뤄스트

California의 발음이 New York의 발음보다 쉬운 이유는 또 하나 있습니다. /ɔ/와 /a/를 구분하지 않고 모두 /a/로 발음하는 것처럼 /r/ 앞에서는 /æ/와 /e/를 구분하지 않고 모두 /e/로 발음합니다. 예를 들어 California에서는 marry와 merry, Barry와 berry를 똑같이 발음하죠. 우리나라에는 없는 /æ/ 발음을 해야 하는 경우가 줄어드니 당연히 쉬워지겠죠.

미국영어에서 쓰이는 모음의 숫자는 지방에 따라 12개에서 15개 사이입니다. 그럼, 179쪽 모음표에 있는 /iː, i, uː, u, e, , æ, a, ɔ/의 9개 모음 외에 또 어떤 모음소리가 있을까요? 우리나라 사람이 모두 발음이 가능한 /ei/(에이), /ou/(오우), /ai/(아이), /au/(아우), /ɔi/(오이)가 있습니다. 예를 들면, pay '페이', no '노우', pie '파이', town '타운', toy '토이' 등이 있겠죠. 여기에 학자들은 her, church, bird 등에서 볼 수 있는 /ə/와 /r/이 합쳐져서 나는 소리를 마지막 15번째 모음으로 보고 있습니다.

2001년도에 개봉된 미국 영화 〈미트 페어런츠(Meet the Parents)〉와 2005년에 개봉된 후속편 〈미트 페어런츠 2(Meet the Fockers)〉를 본 적 있으신가요? 결혼을 앞둔 두 남녀가 양가 부모님들과의 만남에서 겪는 해프닝을 소재로 한 코미디 영화입니다.

그런데 제목부터 웃기는 영화 Meet the Fockers가 우리나라에서는 〈미트 페어런츠 2〉로 개봉된 점이 참 아쉽습니다. o와 u의 모음 하나로 미묘한 발음 차이가 나는 점을 이용한 유머가 우리말로는 전달되지 않기 때문에 어쩔 수 없는 상황이었죠. (사실 〈미트 페어런츠〉도 〈밋 더 페어런츠〉가 되어야겠죠.) 이 영화에 나오는 남자 주인공의 성 Focker와 상스러운 욕 f*cker의 발음의 차이점은 Rule 44에서 강조한 턱 높이에서 나옵니다.

Focker/fákər/을 발음할 때는 우리말의 '아'보다 입을 좀 더 벌려 턱이 많이 내려오게 하면서 발음하고, f*cker/fʌ́kər/을 발음할 때는 우리말의 '어'와 같이 발음하면 됩니다. 그런데 사실 / /를 우리말의 '아'처럼 발음하는 원어민도 많이 있습니다. 그래서 Focker를 발음할 때 입을 크게 벌리고 발음하지 않으면, 본의 아니게 f*cker로 들릴 수도 있는 점을 이용해 제목부터 웃기려는 시도를 한 것이죠.

이 영화에 대해 포털 사이트에서 검색을 해 보니, Focker를 우리말로 '퍼커'로 옮겨 놓았더군요. '파커'도 아니고 '어'를 사용해 '퍼커'로 발음하면, 의심의 여지 없이 f*cker로 들리고 말지요. 졸지에 Focker 가족은 모두 우리나라에서 f*cker가 되어 버리고 말았습니다.

Meet the
Fockers
Oh~ Meet
the…
퍼커!
?
?
?

Lesson 11

우리말에 있는 모음을 알아보자!

179쪽 모음표에 있는 모음들은 '이/iː/, 우/uː/, 에/e/, 어/ /'를 중심으로 바로 밑에 있는 모음과 짝을 지어 네 그룹으로 나눌 수 있습니다. 이 네 그룹 중 우리말로 모두 표기가 되는 것은 우/uː/와 으/u/입니다. 나머지 세 그룹은 /iː/와 /i/, /e/와 /æ/, 그리고 / /와 /a/가 되겠죠. 많은 단어들이 leave/live, pen/pan, 그리고 cup/cop처럼 이 모음소리들 차이 하나만으로 뜻이 변합니다.

Rule 45 단모음 /u/는 '으'로 발음한다.

/uː/와 /u/는 이들 모음소리 하나만으로 뜻이 변하는 단어가 거의 없습니다. 그래서 의사소통에는 문제가 되지 않아 /u/의 발음을 소홀히 하는 경우가 많죠. 제가 미국에 간 지 1년이 채 안 되었을 때, 같은 교회를 다니던 친구 보원이에게 전화가 왔었습니다. "What are you doing?"이라는 질문에 "I'm reading a 북."이라고 했더니 아주 크게 웃더군요. '난 book 같이 쉬운 단어도 제대로 발음을 못하는구나…….'라며 또 한 번 좌절감을 느꼈지만, 그 대가로 book의 발음을 교정 받을 수 있었죠.

book과 moon에는 똑같이 oo가 있지만 발음은 다릅니다. book의 모음은 /u/(으)이기 때문에 '븍'이 되고, moon의 모음은 /u:/(우)이기 때문에 '문'으로 발음되죠. 사실 원어민의 /u/ 발음은 '으'와 '어'의 중간이라고 볼 수 있습니다. 원어민 같은 발음을 갖기 원한다면 이런 미세한 점까지 신경 써야 하지만, 그렇지 않다면 우선은 '으'로 발음해도 무방합니다.

MP3 11-01

	틀린 한국식 발음	원어민 발음
ⓐ book	북	븍
look	룩	(을)륵
cook	쿡	큭
cookie	쿠키	크끼
took	툭	특
hook	훅	흑
foot	풑	(f)픝
good	굳	그읏
hood	후드	흐읏
neighborhood	네이버후드	네이벌(r)흐읏
stood	스툳	ㅅ뜨읏
understood	언더스투드	언덜(r)ㅅ뜨읏
put	풋	픗

push	푸쉬	프쉬~
bush	부쉬	브쉬~
butcher	부처	브춸(r)

그런데 왜 good의 발음은 '긋'이 아니고 '그읏'이 되었을까요? Rule 20에서 배운 것과 같이 d가 유성음이기 때문에 모음이 길어진 것이죠. 아래 ⓑ의 wood의 모음도 /u/이지만 우리말에서는 '으'모음 앞에 오는 w를 표기할 수 없습니다. 굳이 표기하자면 '워엇'에 가까운 소리가 되겠죠. w처럼 입술을 오므리고 발음해야 하는 r 또는 /ʃ/로 시작하는 단어들도 한국어로 표기하기 어렵습니다. 그럼 장모음 '/uː/우'로 발음이 되는 oo가 있는 단어는 어떤 것이 있을까요? 아래 보기에서 확인해 보세요.

MP3 11-02

으 /u/	우 /uː/
ⓑ wood (= would)	food
wool	school
woman	fool (≠ full /u/)
wolf	pool (≠ pull /u/)
shook	moon
sugar	noon
crook	soon
rookie	spoon
room (also /uː/)	choose
roof (also /uː/)	tooth

흔하지는 않지만 oo가 ⓒ에서처럼 '어'나 '오'로 발음되는 경우도 있죠.

MP3 11-03

	어 / /	오 /ɔr/
ⓒ	blood	door
	flood	floor

Rule 46 강세가 있는 /ou/의 발음을 절대 '오'로 하지 않는다.

/ou/(오우)는 한국인이 못할 이유가 없는데 아주 많이 틀리는 발음입니다. Lesson 13에서 자세히 설명하겠지만, 강세가 있는 음절에서 영어 모음 o는 절대로 '오'로 발음되지 않습니다.

MP3 11-04

		틀린 한국식 발음	원어민 발음
ⓓ	no	노	노우
	go	고	↓꼬우
	so	쏘	쏘우
	ago	어고	어고우
	toe	토	토우
	old	올드	오울ㄷ
	cold	콜드	코울ㄷ
	hold	홀드	호울ㄷ
	bold	볼드	보울ㄷ
	gold	골드	↓꼬울ㄷ
	fold	폴드	(f)포울ㄷ

sold	솔드	쏘울ㄷ
close	크로즈	클로우(z)ㅈ
nose	노즈	노우(z)ㅈ
rose	로즈	(r)로우(z)ㅈ
those	도즈	(ð)도우(z)ㅈ
coat	코트	코웃
boat	보트	보웃
goat	고트	고웃
throat	쓰로트	(θ)뜨로웃
float	플로트	(f)플로웃
toast	토스트	토우스트
coast	코스트	코우스트
boast	보스트	보우스트
roast	로스트	(r)로우스트
loan	론	(을)로운
show	쑈	쏘우
notice	노티스	노우리ㅅ

컴퓨터나 팩스와 같이 우리말에 없는 신조어 외에 좋은 우리말이 있음에도 불구하고 틀린 발음의 외래어를 사용하는 것은 정말 안타까운 일입니다. 1998년 여름, 압구정동에 있는 학원에서 초등학생들에게 영어를 가르치면서 지낼 때 '사진기'라는 단어를 썼다가 제가 완전 촌놈 취급을 당한 적이 있었습니다. '사진기'는 아저씨, 아줌마나 쓰지 요즘 신세대는 다 '카메라'라고 한다더군요.

물론 '사진기'라는 단어도 순수 우리말은 아니지만, 중국이나 일본에 가서 '사진기'라고 말하면 알아들을 거라고 생각하는 사람은 아무도 없습니다. 그런데 미국에서 '카메라'라고 했을 때 미국인이 못 알아들으면 '왜 이렇게 쉬운 단어도 못 알아들을까…' 라고 의아해 하죠.

'카메라'같은 외래어를 원어민들이 못 알아듣는 이유는 잘못된 r 발음 때문이 아니고 a, e, i, o, u를 '아, 에, 이, 오, 우'로 발음하는 잘못된 습관 때문입니다. 물론 우리말을 할 때는 '카메라'라고 했다가 영어를 할 때는 /kǽmrə/로 발음을 하면 가장 좋겠죠. 하지만 그렇게 할 수 있는 사람은 많지 않더군요. 그러니 '카메라'처럼 원어민이 알아들을 수 없는 외래어보다는 좀 촌스럽지만 '사진기'가 더 낫지 않을까요?

Lost & Found
습득물센터
마이 카메라!
?
카.메.라?
예스,
카메라!
사진기가 영어로
카메라가 아닌가봐.
!
아하, 사진기!
여기 있슈~
나 한국말 조금 해.

Lesson 12

우리말에 없는 모음에 유의하자!

우리말에 없는 세 개의 모음 /æ, a, i/는 /e, ʌ, iː/(에, 어, 이)와 모음소리 하나만으로 뜻이 달라지는 단어가 아주 많습니다. 따라서 /æ, a, i/의 발음을 익히는 것은 아주 중요하죠. 하지만 더욱 더 중요한 것은 우리말에 없는 /æ, a, i/를 우리말에 있는 /e, ʌ, iː/(에, 어, 이)와 잘 구별해서 발음하는 것입니다. 영어와 우리말은 같은 소리가 없다는 잘못된 생각으로 /e, ʌ, iː/를 모두 /æ, a, i/로 잘못 발음하는 학생들이 많이 있죠.

Rule 47 /æ/는 우리말 '애'보다 입을 크게 벌려 턱이 내려오게 하고 발음한다.

/æ/는 우리말의 '애'보다 입을 크게 벌려 턱이 많이 내려오게 하고 발음하면 됩니다. 입을 크게 벌리는 것이 쉬운 것 같지만, 처음에는 상당히 어색합니다. 얼마나 입을 크게 벌려야 하는지도 감이 잘 안 잡히죠. 한번 '애~~~'를 길게 소리 내 보세요. 그리고 검지 손가락을 입에 넣어 보세요. 어디까지 들어가나요? 아마 손톱 이상 들어가지 않을 겁니다. 이번에는 가운뎃손가락을 검지 손가락 위로 포개고 가운뎃손가락의 손톱이 끝나는 곳까지 입에 넣은 후 '애~~~'라고 길게 발음해 보세요. 혀에 힘을 빼는 것도 중요합니다.

혹시 가운뎃손가락을 검지 손가락 위로 포개지 않고 옆에 붙이고 '애~~~' 라고 발음하셨나요? 위로 포개지 않고 옆에 붙인다면 손가락 다섯 개를 다 넣고 발음해도 낮고 깊은 목소리가 나오지 않겠죠.

MP3 12-01

/e/	/æ/
ⓐ pen	pan
Ken	can
pet	Pat
dead	dad
bed	bad
bend	band
bet	bat
beg	bag
mess	mass
met	mat
then	than
end	and
lead (납)	lad
head	had
set	sat
better	batter
letter	latter
guess	gas
wreck	rack

shell	shall
Ben	ban
commend	command
left	laughed
ten	tan
men	man
ex	axe
dense	dance
peck	pack

Rule 48 /a/는 우리말 '아'보다 입을 크게 벌려 턱이 내려오게 하고 발음한다.

/æ/와 마찬가지로, /a/를 발음할 때도 턱을 밑으로 많이 내리고 입을 크게 벌려 '아'라고 발음해야 합니다. (Lesson 13 강세가 없는 모음과 강세가 있는 모음에서 자세히 설명하겠지만, 우리말 '아'는 강세 없는 음절에 나타납니다.)

강세가 있는 음절에서 우리말 '아'와 가장 가까운 모음은 / /입니다. Lesson 2 단어 강세에서 공부한 것과 같이 Adam(애럼)의 두 번째 모음은 강세가 없기 때문에 '어/ə/'로 발음이 나지만, bus처럼 모음이 하나일 때는 강세를 받기 때문에 '어'와 '아'의 중간 발음(/ /)이 됩니다.

그래서 원어민의 발음을 자세히 들어보면 bus가 '뻐스'로 들리기도 하고 '빠스'로 들리기도 합니다. 하지만 / /를 '아'로 발음하면 원어민이 /a/로 잘못 알아들을 수 있으니 '어'로 발음하는 것이 좋습니다. '피짜 헛'이라고 발음하면 원어민들 모두 Pizza Hut으로 알아듣지만, '피짜 핫'이라고 발음하면 'pizza hot!'이라고 잘못 알아들을 수도 있거든요. 저도 / /는 항상 '어'로 발음합니다.

MP3 12-02

/ /	/a/
hut	hot
putt	pot
cut	cot
luck	lock
color	collar
cup	cop
duck	dock
done	Don
rub	rob

stuck	stock
nut	not
bum	bomb
gut	got
rut	rot

Lesson 10에서 설명한 것과 같이 미국 서부에서는 /ɔ/를 /a/로 발음합니다. 예를 들어 caught을 cot과 똑같이 발음하죠. Ⓒ에서는 미국 서부 발음으로 연습해 보겠습니다.

MP3 12-03

/ /	/ɔ/=/a/
Ⓒ bus	boss
but	bought
cut	caught
done	dawn
gun	gone
hug	hog
nutty	naughty
smug	smog
chuck	chalk
pun	pawn
spun	spawn
lunch	launch

au, aw, augh 또는 ough는 모두 /ɔ/ = /a/로 발음됩니다. 스펠링에 충실하여 '아우'나 '오우'로 발음하면 안 되죠.

MP3 12-04

au	aw
ⓓ audience	law
author	awesome
caution	draw
laundry	jaw
applause	awkward
fault	paw
sauce	saw
autumn	raw
August	straw
cause	pawn
augh	**ough**
taught	ought
daughter	fought
distraught	cough
slaughter	thoughtful

Rule 49 /i/는 월드컵 축구 응원 때 외치는 '대~한~민~국'의 '민~'처럼 보통 '이'보다 입을 살짝 더 크게 벌리고 발음한다.

영어 모음 중 가장 배우기 어려운 /i/를 정확히 발음하기 위해서는, 우리말 '이'와 '에'의 중간 크기로 입을 벌리고 힘을 뺀 상태에서 '이'로 발음하는 훈련을 해야 합니다. 단순히 입을 크게 벌리기만 하면 되는 /æ/나 /a/보다는 훨씬 까다로운 발음이죠.

우리나라 축구팀을 응원할 때를 떠올리며 '대~한~민~국~'을 크게 외쳐 보세요. '민~'을 외칠 때 나는 모음이 바로 /i/입니다. 입을 벌리고 '이'를 발음하면 /i/가 되기 때문에 '민~'의 모음이 /i/로 되는 것입니다. '오 필승 꼬레아' 노래에서 '대~한~민~국'의 '민~'과 평소 발음의 '민'을 비교해 보세요. 좀 다르다는 것을 느낄 수 있습니다.

우리나라 사람들이 가지고 있는 잘못된 인식 중 또 하나는 /uː/와 /iː/는 장모음이고 /u/와 /i/는 단모음이라는 것입니다. 저도 물론 중학교 시절 처음 발음기호를 배울 때 그렇게 배웠죠. 하지만 /uː/와 /u/, 또 /iː/와 /i/는 모

음 길이와는 상관없는 다른 소리들입니다. '우/u:/'를 짧게 발음한다고 '으/u/'가 되나요? 단지 짧은 '우'가 되겠죠. 마찬가지로 /i:/를 짧게 발음한다고 절대 /i/가 되지 않습니다.

/i:/와 /i/의 결정적인 차이점이 모음의 길이가 아니라는 것은 다음 단어들의 모음 길이를 비교해 보면 알 수 있습니다.

MP3 12-05

짧은 모음 → **긴 모음**

sit   seat   Sid   seed

sit /sit/과 seat /si:t/의 모음 길이를 비교해 보면 예상대로 seat /si:t/이 더 깁니다. 마찬가지로 Sid /sid/보다 seed /si:d/의 모음이 더 길겠죠. 하지만 seat /si:t/와 Sid /sid/ 중에서는 Sid /sid/의 모음이 더 깁니다. Sid는 유성음 d로 끝나는 반면 seat는 무성음 t로 끝나기 때문이죠.(Rule 20 참고)

/i:/를 짧게 발음해서 /i/가 된다면, seat를 짧게 발음하면 sit, seed를 짧게 발음하면 Sid가 되겠죠. 하지만 그렇지 않습니다. seed를 짧게 발음하면 seat가 되고, Sid를 짧게 발음하면 sit가 되죠. (그래서 전문서적에서는 장모음, 단모음 대신 긴장tense모음과 이완lax모음이라는 용어를 사용합니다.)

다음 보기에서 /i:/와 /i/의 차이점을 연습할 때 모음의 길이가 중요하지 않다는 것을 명심하고, 질적으로 /i/가 '이/i:/'와 어떤 다른 소리가 나는지에 주의하기 바랍니다. 스펠링 ee와 ea는 항상 /i:/로 발음된다고 생각해도 좋지만 한 가지 예외가 있습니다. be동사의 과거분사 been에서는 ee가 /i/로 발음되죠.

MP3 12-06

/iː/	/i/
ⓔ peak	pick
week (= weak)	wick
lead	lid
reed	rid
deed	did
heed	hid
feel	fill (Rule 53 참고)
heal	hill
wheel	will
eel	ill
peel	pill
meal	mill
steal	still
sleep	slip
sheep	ship
cheap	chip
leap	lip
green	grin
bean	bin (= been)
wean	win
teen	tin
seen	sin

deep	dip
least	list
heat	hit
feet	fit
beat	bit
seat	sit
eat	it
wheat	wit
Pete	pit
leave	live
peach	pitch
reason	risen

어렵게 /i/의 발음을 터득한 후 /iː/도 /i/처럼 발음하면 절대 안 됩니다. 물론 저도 겪은 어쩔 수 없는 과도기 현상이지만, 특히 /i/의 발음은 조심해야 하죠. 절대 sheet, peace, beach의 모음을 /i/로 발음하면 안 됩니다. 수업을 하다 보면 sheet라는 단어를 많이 쓰게 됩니다. paper는 셀 수 없는 명사이기 때문에 '종이 한 장 꺼내세요.'라고 말할 때 "Take out a sheet of paper."라고 해야 하죠.

모음 '이/iː/'는 입술을 살짝 미소짓듯이 하고 발음해야 하는데, sh /ʃ/를 발음하려면 입술을 오므려야 합니다. 그래서 sheet을 발음할 때 모음에 신경을 쓰지 않으면, 수업시간에서는 사용할 수 없는 단어 **it로 변해 "Take out a **it of paper."이 되어 버립니다.

물론 수업시간에 '종이 꺼내세요.'라고 말할 때 꼭 sheet을 사용해야 하는 것은 아니죠. "Take out a piece of paper."이라고도 할 수 있으니까요. 하지만 /iː/를 /i/로 발음하는 과도기를 겪고 있다면 이 표현도 만만치 않습니다. 잘못하면 piece가 *iss로 발음되어 "Take out a *iss of paper."라는 웃지 못할 표현이 되기 때문이죠.

미국에서 가장 큰 한인타운이 있는 LA는 바닷가가 많기로 유명합니다. 제가 박사학위를 취득한 UCLA 대학은 관광지로 유명한 Santa Monica라는 바닷가와 차로 20분 정도의 거리에 있습니다. 저는 박사 과정 때 여름방학이 되면 UCLA Extension에서 전 세계에서 언어연수를 하기 위해 몰려온 대학생들에게 영어를 가르치곤 했습니다. 월요일 수업을 시작하기 전에 주말에 뭐 했냐는 질문을 하면 "I went to the beach(바닷가에 갔었습니다)."라는 대답이 많았는데, 문제는 beach를 *itch로 발음하는 학생이 상당수 있었다는 것입니다. 발음 교정은 해 줘야겠는데 수업시간에 *itch라는 단어를 사용하기도 그렇고, 참 난처한 적이 한두 번이 아니었죠.

Rule 50 /r/로 끝나는 단어에서는 /ə/를 제외한 모든 모음을 두 음절로 발음한다.

모음의 마지막 네 개의 Rule은 자음 /r/과 /l/에 의해서 변하는 모음의 소리에 관해 자세히 공부해 보겠습니다. Rule 5에서 tire를 원어민은 '타이어'가 아니고 '타이열(r)'로 발음한다고 배운 것 기억하시죠? tire는 한 음절 단어입니다. 그런데 발음할 때는 '타이/tai/'를 한 음절, '열/jər/'을 또 다른 한 음절로 하여 두 음절의 단어로 발음합니다. /r/이 바로 앞에 오는 모음을 변화시켜 생기는 현상이죠.(영어에서는 '아이/ai/'를 분리시킬 수 없는 하나의 모음으로 보기 때문에 '타이열(r)'의 '타이'가 한 음절로 간주됩니다.)

그럼 hire(고용하다)는 어떻게 발음될까요? tire처럼 두 음절로 발음되어 원래 두 음절 단어인 higher과 똑같이 발음되겠죠. 마찬가지로 한 음절 단어인 flour(밀가루)로 두 음절 단어인 flower과 똑같이 발음됩니다. hire /ai/, flour /au/과 달리 /ɔi/는 아예 한 음절로 쓰는 단어가 없습니다. lawyer처럼 아예 두 음절로 적혀있죠. (lobby와 비슷한 뜻을 지닌 프랑스 어에서 유래된 foyer는 /fɔ́iei/로도 발음됩니다.)

MP3 12-07

/ai/	/au/	/ɔi/
f hire	flour	lawyer
wire	hour	foyer
choir	sour	employer

/iːr/과 /er/는 각각 '이열(r)'과 '에열(r)' 두 음절로 발음되지만 /ər/는 여전히 한 음절로 소리가 납니다.

MP3 12-08

/iː/	/e/	/ə/
g beer	aware	bird
cheer	declare	third
steer	square	stir
career	care	fur
pioneer	rare	turn
volunteer	dare	hurt
hear	bare (= bear)	return
clear	compare	burn
near	prepare	author
appear	share	harbor
fear	spare	color
nuclear	fare	occur
gear	software	perk
rear	wear (= where = ware)	turkey
pier	swear	dirt
weird	tear	skirt

/ar/, /ɔr/, /ur/은 좀 약한 두 음절로 발음이 됩니다. /ar/은 '아알(r)', /ɔr/은 '오월(r)', /ur/은 '으월(r)'처럼 발음하면 되죠. /r/ 발음을 배운 후 가장 자주 범하는 오류는 /ar/의 발음을 짧게 해 /ər/처럼 발음하는 것입니다. 예를 들면 park를 '파알(r)크'가 아니고 '펄(r)크(perk)'로 잘못 발음하는 것이죠.

MP3 12-09

/ar/	/ɔr/	/ur/
car	four	sure
hard	form	cure
guard	short	pure
heart	horse	lure
part	north	obscure
spark	border	assure
sharp	cork	secure
farm	scorn	manure
party	sword	allure
army	thorn	unsure
argue	fortune	jury
march	warn	juror
large	award	insurance

Rule 51 /r/ 앞의 /ei/, /e/, /æ/는 모두 '에어/eə/'로 발음한다.

beer의 ee가 /iː/로 발음된다고 설명했지만, /r/ 앞에서는 사실 /iː/ 발음도 잘 나오지 않습니다. 거의 /i/에 가깝게 소리 나죠. 이유는 /r/이 모음을 가운데로 끌어당기는 경향이 있기 때문입니다. 다음 모음표를 보면 좀 더 이해가 될 것입니다.

	Front		Central	Back	
1	iː	i		u	uː
2	ei	e	ʌ		ou
3		æ	a	ɔ	

이중모음 /ai/, /au/, /ɔi/를 제외한 11개의 모음은 위의 모음표에서 볼 수 있듯이 여러 공간에 배치되어 있습니다. 이 중 가운데 공간은 /ʌ/가 차지하고 있죠. 그리고 /iː/와 /ʌ/ 사이에는 /i/가 있습니다. 따라서 /r/이 모음을 가운데로 끌어당긴다는 것은 beer에서 /iː/가 /i/으로 발음된다는 것을 의미합니다.

/r/에 의해서 모음이 가운데로 몰리는 현상은 Front 2와 Front 3에 있는 /ei/, /e/, /æ/에서도 볼 수 있습니다. 이 세 모음이 /r/ 앞에서는 모두 /e/로 발음되죠. 그리고 /r/ 앞에서는 /e/가 두 음절로 발음이 되므로 모두 '에어'로 발음됩니다. Lesson 10에서는 이 현상을 서부와 동부의 차이라고 설명드렸지만, 사실 동부를 제외한 미국 전 지역에서 나타나는 현상입니다.

MP3 12-10

	/eə/	/eə/	/eə/
i	Mary	merry	marry
	Cary	Kerry	carry

Gary	berry	Barry
vary	very	Larry
scary	Jerry	Harry

/r/ 앞에서 모음이 /ei/로 발음되는 단어는 모두 or 또는 er로 끝납니다. 그리고 끝음절은 항상 /jər/(열(r))로 발음이 되죠.

MP3 12-11

/ei/ + /r/	
j mayor	메이열(r)
payer	페이열(r)
layer	레이열(r)
player	플레이열(r)
prayer	프(r)뤠이열(r)

Rule 52 /r/ 앞의 /ou/와 /ɔ/는 똑같이 '오어/ɔə/'로 발음한다.

/r/ 앞에서는 /iː/와 /i/의 차이가 사라지고 /ei/, /e/, /æ/는 모두 /e/로 변하는 것처럼, 모음표 뒤쪽에 있는 /ou/와 /ɔ/, 그리고 poor나 your과 같은 몇몇 단어의 /u/도 모두 같은 소리 /ɔ/로 발음됩니다. 그리고 다른 자음 앞에서는 주로 /uː/나 /u/로 발음되던 oo가 /r/ 앞에서는 모두 /ɔ/로 발음되죠. /ɔ/는 원래 /æ/와 /a/와 같이 입을 크게 벌리고 발음해야 하지만 /r/ 앞에서는 우리말의 '오'로 편하게 발음하면 됩니다.

MP3 12-12

/ɔə/	/ɔə/	/ɔə/
k poor	pour	pore
door	tour	sore
floor	four	more
indoor	your	store
outdoor	course	shore

205쪽 모음표에서 뒤쪽 가장 높은 곳에 있는 /uː/는 한 음절로 쓰여 있는 단어에서는 /r/ 앞에 오지 않습니다. sewer, doer처럼 아예 단어 끝에 er을 붙쳐 두 음절 단어를 만들어 버리죠. 그럼 여기서 잠시 /r/ 앞에서의 /uː/와 /u/의 차이점을 비교해 보죠.

MP3 12-13

/uː/	/u/
l sewer	sure
doer	pure
fewer	cure
viewer	lure

상대방이 "Thank you!"라고 했을 때 뭐라고 답하시나요? 교과서적인 답은 물론 "You're welcome!"이겠죠. 하지만 미국사람은 "Sure!"이라고도 대답을 합니다. 왜 '고맙습니다!'라는 말에 '확실해요!'라고 대답을 하는지 참 이해가 안 되죠. 그런데 더 이상한 것은 "Sure!"을 어떤 사람은 /ʃuər/로 발음하고 또 어떤 사람은 /ʃər/로도 하고, 심지어 어떤 사람은 shore처럼 /ʃɔr/로 발음한다는 것입니다.

"자주 쓰다 보니 /ʃuər/에서 /u/를 빼고 쉽게 /ʃər/로 발음하는구나."라고 일찌감치 감을 잡았지만, 왜 sure이 shore과 같은 발음이 되는지는 이해가 되지 않았습니다. 그러던 차에, 한국에서 '푸어'라고 배운 단어 poor /puər/을 미국사람들은 '포얼(r)'로 발음한다는 것을 알게 되었습니다. 왜 sure을 '슈어'로 발음 안 하고 '쇼얼(r)'로 발음하는 사람이 있는지의 미스터리를 풀게 되었죠.

Rule 53 /l/ 앞의 /iː/, /ei/, /ai/, /ɔi/는 각각 '이열', '에열', '아열', '오열'로 발음한다.

단어 끝에 오는 /l/도 /r/과 마찬가지로 모음을 가운데로 몰리게 하는 힘을 가지고 있습니다. 하지만 /r/만큼 강하지 않아 /l/ 앞에서 소리가 같아지는 모음은 없습니다. 단지 '이/iː/'와 '이'로 끝나는 세 모음 '에이/ei/', '아이/ai/', '오이/ɔi/' 뒤에 /l/이 오면 각각 '이열', '에열', '아열', '오열'로 발음한다는 것에만 주의를 하면 되죠. /l/이 모음 '이'를 가운데로 끌어당기면서 '여'소리가 더해지는 현상이 나타나는 것입니다.

먼저 '아이/ai/'와 '오이/ɔi/'가 포함된 단어를 연습해 보겠습니다. while(와열)과 같은 단어에서는 -ile이 '아열'로 발음되지만, missile과 같은 단어에서는 '얼'로 발음된다는 것에도 주의해야 합니다. 그래서 미국인들은 missile을 '미사일'이 아니고 '미썰'로 발음하죠. (영국인들은 '미싸열'로 발음합니다.)

MP3 12-14

	/ai/	/ɔi/	/ə/ (미국영어)
m	while	oil	missile
	file	boil	fragile
	mile	soil	versatile
	pile	foil	hostile
	smile	toil	futile
	tile	coil	sterile
	exile	spoil	
	profile	turmoil	
	crocodile		
	percentile		

peel을 '피열'처럼 두 음절로 발음하면 peel과 pill을 좀 더 확실하게 구분하여 발음할 수 있습니다. sale은 '쎄열'이 되겠죠. pill의 경우에도 마찬가지지만, sell을 발음할 때도 모음이 /l/의 영향으로 가운데로 살짝 끌리면서 들릴 듯 말 듯한 '열'로 발음됩니다. 그래서 peel과 sale은 두 음절로 발음되고 pill과 sell은 한 음절로 발음되지만 구별하기가 쉽지 않죠.

MP3 12-15

	/iː/	/i/
n	feel	fill
	wheel	will

steel (= steal)	still
peel	pill
heal	hill
eel	ill

MP3 12-16

	/ei/	/e/
o	tail (= tale)	tell
	sale	sell
	bail	bell
	whale (= wail)	well

마지막으로 Lesson 9의 Rule 42에서 언급한 단어 film을 연습하고 다음 lesson으로 넘어가겠습니다. 원어민 발음에 공통적으로 들어 있는 '여' 소리는 물론 /l/이 모음을 가운데로 끌어당기면서 발생하는 소리입니다.

MP3 12-17

		틀린 한국식 발음	원어민 발음
p	film	필름	(f)피염
	elm	엘름	에염
	realm	렐름	(r)뤠염
	helm	헤름	헤염
	overwhelm	오버웰름	오우(v)벌(r)웨염
	kiln	킬른	키연

몇 살이 되기 전에 영어를 배우기 시작해야 너무 늦지 않게 시작했다고 할 수 있을까요? 대다수의 학자들은 만으로 12살을 넘으면 외국어를 배우는 것이 어려워진다고 합니다. 요즘 우리나라에서는 초등학교 3학년부터 영어를 가르치지만, 제가 학교 다닐 때는 중학교 1학년 때부터 영어를 배웠죠. 만 7세에 초등학교를 입학하면 중학교 1학년이 되면 만 13세가 되니 외국어를 배우기 시작하기에는 이미 늦은 나이이죠.

영어를 어릴 때 자연스럽게 접하는 것이 발음에 큰 도움이 된다는 것을 저는 제 동생 정호를 보고 느꼈습니다. 저보다 1년 1주일 어린 정호가 저와 함께 미국에 갔을 때의 나이는 만 16세 3개월이었습니다. 이미 12살을 4년 이상 넘긴 늦은 나이였음에도 불구하고, 정호의 발음은 놀랄 정도로 빨리 원어민의 발음과 비슷해졌습니다. 똑같은 단어의 발음을 똑같은 친구에게 배워도, 정호는 5분이면 따라 했지만, 저는 몇 시간, 며칠이 걸렸죠.

참 부럽기도 했고, 또 한편으로는 열등감에 시달리기도 했습니다. 물론 저보다 나이가 한 살 어리다는 것도 도움이 되었겠지만, 어차피 둘 다 늦은 나이에 겨우 한 살의 차이로 정호는 연습 안 해도 발음이 나날이 좋아지는 반면, 저는 엄청난 노력을 해야 한다는 것이 이해가 되지 않았습니다. 그래서 곰곰히 생각을 했죠. "왜, 정호는 발음을 그렇게 쉽게 배울 수 있을까?" 곰곰히 며칠을 연구한 뒤 내린 결론은 바로 마이클 잭슨이었습니다.

정호는 초등학교 때부터 마이클 잭슨을 광적으로 좋아했습니다. 무슨 말인지도 모르면서 소리 나는 대로 가사를 외워 마이클 잭슨 춤을 따라 하며 노래를 부르곤 했었죠. 반면 제가 즐겨듣고 부르던 노래는 '바위섬', '재회'와 같은 통기타를 치면서 부를 수 있는 가요였습니다. MIT에서 발음 수업을 할 때 다른 학생들보다 발음이 뛰어난 학생들에게는 항상 언제부터 어떻게 영어 공부를 했냐고 물어보았습니다. 그중 여름이라는 한국 학생이 특별히 영어 공부를 한 것은 없고 어려서부터 팝송을 많이 들어서 그런 것 같다고 하더군요.

어려서 팝송을 듣거나 영어로 된 방송을 보는 것이 영어 발음에 도움이 되는 이유는 스펠링의 영향을 받지 않고 발음을 그대로 받아들이기 때문입니다. Adam과 Atom을 '애럼'이라는 발음으로 수 백번을 들어도 '아담', '아톰'으로 인식하는 이유는 스펠링의 영향 때문이죠. 제가 발음을 고치는 데 엄청난 노력이 필요했던 이유도 스펠링에서 생긴 선입견 때문에 원어민의 발음을 그대로 받아들이지 못했기 때문입니다. 하지만 저도 소리 나는 대로 받아들였던 시절이 있었습니다. 정호가 마이클 잭슨을 즐겨 듣던 시절이죠.

옆에서 주워들은 마이클 잭슨의 노래 중에 제가 가장 좋아하던 것은 **'삐레'**였습니다. 다른 노래는 따라 할 수 있는 곳이 없었는데 '삐레'라는 노래는 계속 '삐레, 삐레, 삐레, 삐레'가 나와 가끔 따라 할 수도 있어 흥이 나더군요. 처음에는 막연히 '삐레'가 노래 제목이라고 생각하고 있었는데, 진짜 제목을 알고 보니 'Beat It'이더군요. '비트 이트'가 절대 '삐레'로 될 리가 없다고 확신한 저는 제목 스펠링이 틀렸다고 생각했었습니다.

비레
비레
비레
비레
비레
비레
비레
비레
뭔 노래제목이
삐레야.
Beat
It
저거였어?-_-;

Lesson

13 강세가 없는 모음과 강세가 있는 모음

뉴요커New Yorker들의 대표적인 아침 식사이며 요즘 우리나라 빵집에서도 흔히 볼 수 있는 '베이글'의 스펠링은 bagel입니다. 만약 bagel을 '라벨label'과 같이 발음했다면 '바겔'이 되었겠죠. 누가 처음 '베이글'로 표기하기 시작했는지 참 다행입니다. 만약 '바겔, 플리즈.'라고 했을 때 원어민들이 못 알아들으면 '왜 이렇게 쉬운 단어도 못 알아들을까?'라고 의아해 했겠죠.

Rule 54 a, e, i, o, u를 아무 생각 없이 '아, 에, 이, 오, 우'로 발음하지 않는다.

영어 듣기와 말하기 능력을 향상시키기 위해서 가장 먼저 해야 할 것은 알파벳 'a, e, i, o, u'를 강세가 있건 없건 무조건 '아, 에, 이, 오, 우'로 읽는 습관을 버리는 것입니다. '라벨label'이라는 발음은 단어의 강세를 무시한 채 무조건 a는 '아'로, e는 '에'로 발음한 것이죠. 강세가 있는 음절에서 'a, e, i, o, u'가 '아, 에, 이, 오, 우'로 발음되는 경우는 거의 없습니다. 그럼 강세가 없는 음절에서는 어떨까요?

모음 '어'와 '으' 외에 강세가 없는 음절에 자주 나타나는 모음은 /i/입니다. 그리고 흔하지는 않지만 강세가 없는 음절에서 '아, 이, 오, 우'의 발음이 나오기도 하죠. 보기를 몇 개 들어보겠습니다. 진하게 표시되어 있는 부분이 강세가 있는 음절이니 그 외의 모음에 유의해야겠죠.

MP3 13-01

어	으	/i/
ⓐ magician	contain	music
머쥐션	큰테인	뮤(z)직
medical	consider	basic
메러껄	큰씨럴(r)	베이씩
academy	control	punish
어캐러미	큰추(r)롤	퍼니쉬

MP3 13-02

아	이	오	우
ⓑ plaza	coffee	hotel	cuckoo
플라자	카(f)피	호테열	크꾸
banana	city	motel	into
버내나	씨리	모테열	인투
sofa	candy	Commando	menu
쏘우(f)파	캔디	커맨도	메뉴

plaza에서 두 모음의 차이점은 무엇일까요? 입 크기겠죠. 첫 번째 모음은 강세가 있으므로 입을 크게 벌려 발음하고, 두 번째 모음은 강세가 없으므로 우리말 '아'로 발음하면 됩니다. 〈코만도〉는 California의 주지사였고, 〈터미네이터(Terminator)〉라는 영화로 유명해진 배우 아놀드 슈왈제네거가 출연한 80년대 영화 Commando를 강세에 신경 쓰지 않고 한국식으로 발음한 영화 제목이죠. banana에서 강세가 없는 두 a의 발음이 첫음절에서는 '어'로 마지막 음절에서는 '아'로 발음되는 것과 같이 Commando에서도 처음 o는 '어'로, 마지막 o는 '오'로 발음이 되죠.

coffee의 우리나라 발음 '커피'에는 f를 p로 발음하는 문제도 있지만, 강세가 있는 첫음절을 '카'가 아닌 '커'로 발음하는 또 다른 문제가 있습니다. 강세가 있는 음절에서 '아'로 발음해야 할 것을 '어'로 틀리게 발음하는 것이 또 요즘 추세인 것 같습니다. '컨텐츠'나 '컨셉'이 '콘텐츠'나 '콘셉'보다 좋은 발음이라고 생각될지 모르지만 전혀 그렇지 않습니다.

MP3 13-03

	틀린 한국식 발음	원어민 발음
ⓒ contents	컨텐츠/콘텐츠	칸텐츠
concept	컨셉/콘셉	칸셉
non fat	넌팻	난(f)팻

강세가 있는 모음 o가 '어/ /'로 발음되는 단어가 전혀 없는 것은 아닙니다. mother처럼 사용 빈도가 높은 단어에서 강세 있는 o가 '어'로 발음되는 것을 볼 수 있죠.

MP3 13-04

어	
ⓓ mother	nothing
other	oven
brother	of

그럼 여기서 a, e, i, o, u가 강세를 받을 때 주로 어떻게 발음되는지 정리해 보겠습니다. a, e, i, o, u가 발음될 수 있는 소리는 각각 단모음과 장모음으로 나눌 수 있습니다. 여기서 장모음이란 /iː/, /uː/와 더불어 /ei/, /ai/, /ou/도 포함하죠.

MP3 13-05

	단모음 /æ/	장모음 /ei/
ⓔ a	mat	mate
	lad	lady
	at	ate
	family	famous
	static	state
	bath	bathe

MP3 13-06

	단모음 /e/	장모음 /iː/
ⓕ e	pen	we
	tent	these
	when	even
	very	secret
	get	equal
	pet	complete

MP3 13-07

	단모음 /i/	장모음 /ai/
g i	pin	pine
	sin	sign
	bit	bite
	live	line
	give	tight
	digit	wine

MP3 13-08

	단모음 /a/	장모음 /ou/
h o	progress	bonus
	honor	most
	loss	so
	solid	both
	rot	stove
	knot	post

MP3 13-09

	단모음 / /	장모음 /uː/
i u	result	Luke
	fun	tube
	stuff	tune
	hungry	student
	thunder	June
	sun	flu

a, e, i, o, u 중 e를 제외한 나머지 4개의 모음은 또 다른 하나의 모음 소리로도 발음됩니다.

MP3 13-10

a /a/	i /iː/
ⓙ father	police
plaza	machine
park	ski
farm	magazine
walk	fatigue
palm	suite

MP3 13-11

o /uː/	u /juː/
ⓚ move	confuse
prove	pupil
lose	menu
who	computer
do	refuse
tomb	cute

Rule 55 이중자음은 하나만 발음하고, 이중자음 앞의 모음은 단모음으로 발음한다.

office, soccer, happy, summer에는 왜 중간에 같은 자음이 나란히 있을까요? 이중자음 앞에 오는 모음의 발음에 영향을 주기 위해서입니다. 혹시 중학교 영어 시간에 배웠던 스펠링 법칙 '단모음 뒤에 단자음으로 끝나는 단어에 –ed나 –ing를 더할 때는 자음을 하나 더 쓴다' 기억나세요? 예를 들어, hope '호웁'의 과거형인 hoped '호웁ㅌ'와 달리 hop '합'의 과거형은 hopped '합ㅌ'가 되죠.

hop에 –ed을 그냥 붙이면 발음이 '호웁ㅌ'로 변하므로 과거형에서도 '합'이라는 발음을 유지하기 위해 p를 하나 더해 hopped로 쓰는 것입니다. 원칙은 hop처럼 단모음+단자음으로 끝나는 단어의 모음은 단모음으로 발음하고, hope처럼 모음+자음+모음으로 끝나면 장모음으로 발음하는 것이죠. 그러나 이 원칙이 항상 적용되는 것은 아닙니다.

-ope는 원칙에 따라 항상 장모음 /ou/로 발음되지만 -ive는 give처럼 출현 빈도가 높은 단어에서는 의외로 /i/로 발음됩니다. 그리고 -ove는 /ou/ 외에 장모음 /uː/로도 발음되고 단모음 / /로 발음되기도 하죠.

MP3 13-12

–ope /ou/	
❶ hope	Pope
rope	slope
cope	scope

MP3 13-13

-ive /ai/	-ive /i/
ⓜ five	give
alive	live (동사)
drive	
survive	
strive	
revive	

MP3 13-14

-ove /ou/	-ove /u:/	-ove / /
ⓝ stove	move	glove
grove	prove	above
drove	improve	love
dove (dive의 과거형)	remove	shove
cove	approve	dove (흰 비둘기)

한국인들이 자주 틀리는 발음 중 하나는 summer입니다. m은 하나만 발음하여야 하는데 '썸머'라고 많이 발음하죠. m이 두 개가 있는 이유는 모음 u를 단모음(/ /)으로 만들기 위해서입니다. m이 하나만 있는 consumer에서는 모음 u가 장모음(/u:/)으로 발음되죠.

우리나라에서도 1988년 서울 올림픽을 전후로 87년부터 89년까지 시행했었던 '썸머 타임' Summer Time을 미국에서는 Daylight Saving Time이라고 합니다. Summer Time은 영국 표현이기 때문에 단어 끝의 r 발음을 하지 않는 영국식 발음 '써머'라고 표기했으면 완벽했을 것을 왜 '썸머'라고 표기하기 시작하였는지 정말 이해가 안 됩니다.

사실 summer보다 더 안타까운 것은 '그램마(grammar)'라는 발음입니다. /r/ 발음은 안 돼도 최소한 '그래머'라고는 발음을 해 주셔야죠. '그램마'라는 발음은 원어민들에겐 grandma(할머니)로 들립니다. ndm에서 가운데 자음인 d는 발음되지 않고 n은 역행동화로 인해 m으로 발음되기 때문이죠.

같은 자음이 겹쳐 있는 단어는 의외로 흔합니다. 다음 보기를 보면 잘 알 수 있죠.

MP3 13-15

mm	nn
o common	manner
committee	dinner
hammer	funny
swimming	beginner

MP3 13-16

pp	rr
p happen	carry
happy	current
opportunity	worry
application	hurry
opposite	terrible
upper	sorry
supper	borrow
apple	barrel
copper	arrow
rapper	merry

MP3 13-17

	dd	cc
q	sudden	tobacco
	middle	accident
	ladder	accidentally

MP3 13-18

	tt	ff
r	little	office
	letter	offer
	pattern	officer
	settle	difficult
	bottom	difference
	battle	suffer
	scatter	coffee
	butter	offense
	cottage	stiffen

MP3 13-19

	gg	ss
s	struggle	pressure
	baggage	dicussion
	bigger	expression
	beggar	impossible

bb	message
ribbon	necessity
rubber	excessive
rabbit	vessel
rubbish	permission
robber	classify
	blessing

앗! 교수도 이런 적이!

제가 1990년도에 처음 미국으로 이민을 갔을 때의 일입니다. 5월 1일에 미국 LA에 도착한 저는 2주가량을 시차 적응을 위해 밤낮을 가리지 않고 잠을 잔 후 Gardena High School에 다니기 시작했죠.

아침 4시간은 영어(ESL) 수업, 오후 2시간은 하나도 알아들을 수 없는 역사와 Wood라는 이름의 목공을 배우는 수업이었습니다. 역사 시간에는 멍하니 앉아 있으면 되었지만, 실습 위주로 되어 있는 Wood 시간에는 수업 참여가 불가능했죠. 선생님께서는 천천히 친절하게 설명해 주셨지만 헛된 노력이라는 것을 깨달으신 후 저에게 그냥 앉아서 교과서를 베끼라고 하셨습니다.

저의 미국 고등학교 생활의 유일한 낙은 점심시간에 햄버거를 먹는 것이었습니다. 매일 먹어도 전혀 질리지 않았죠. 그런데 문제는 아침이었습니다. 집안 형편이 좋지 않았던 저에게 학교에서는 점심 외에 아침 식권도 주었습니다. 햄버거를 하루에 두 번 먹을 수 있다는 기대에 부풀어 학교 식당을 찾았지만 아침에는 햄버거 급식을 하지 않더군요.

실망한 제가 선택할 수 있는 음식은 두 가지였습니다. 속에 계란과 치즈가 들어 있는 손바닥 만한 아침 부리또(breakfast burrito)와 정말 큼직하게 생긴 도넛(?)이었습니다. 음식에 있어서는 항상 질보다 양으로 승부하는 제가 고른 것은 당연히 큼직한 도넛이었죠. '미국사람들은 **도넛도 참 크게 만든다…….**'라며 받아든 도넛. 예상치 못한 딱딱함에 다시 놀랐고, 아무 맛이 나지 않는 도넛이라는 사실을 발견하고 당황했습니다. 하지만 손바닥 만한 아침 부리또로는 배가 차지 않았기에 딱딱하고 단맛이 전혀 없는 도넛을 매일 먹었습니다. 나중에 알고 보니 제가 매일 아침에 먹던 딱딱하고 맛없는 빵은 도넛이 아니라 **베이글(bagel)**이었습니다.

food
도넛?
이 도넛
왜 이렇게
딱딱해?!
그건 도넛이 아니라
베이글이야.
헛!

부록

외래어의 원어민 발음과 우리가 자주 틀리는 발음

MP3 14-01

		틀린 한국식 발음	원어민 발음
1	academy	아카데미	어캐러미
2	accessory	액세서리	익쎄써(r)뤼
3	All Shook Up	올슉업 (뮤지컬)	얼 슈 껍
4	amateur	아마추어	애머럴(r)
5	animation	애니메이션	애너메이션
6	almond	아몬드	아먼ㄷ
7	apartment	아파트	어팔(r)ㅣ먼트
8	asphalt	아스팔트	애스(f)펄ㅌ
9	audio	오디오	아리오
10	badge	뺏지/배지	배~쥐
11	baguette	바게트	배겥
12	balance	바란스	밸런ㅅ~
13	banana	바나나	버내나
14	baroque	바로크	버(r)로욱
15	battery	밧데리/배터리	배러(r)뤼
16	belt	벨트	베열ㅌ

17	bench	벤치	벤취
18	bikini	비키니	버키니
19	blind	브라인드	블라인드
20	block	브록	블락
21	boat	보트	보웉
22	body	보디	바리
23	bond	본드	바안(드)
24	bonus	보너스	보우너스~
25	boss	보스	바스~
26	box	박스	박스~
27	boxing	복싱	박씽
28	brake	브레이크	브(r)뤠익
29	buffet	부페/뷔페	버(f)페이
30	butter	버터	버럴(r)
31	button	버튼	벝|은
32	cake	케이크	케익
33	calcium	칼슘	캘씨엄
34	camera	카메라	캠(r)롸
35	campus	캠퍼스	캠뻐스~
36	card	카드	카알(r)드
37	cart	카트	칼(r)트
38	cassette	카세트	커쎝
39	casino	카지노	커씨노

40	catalog	카탈로그	캐럴락
41	carpet	카페트/카펫	카알(r)뻿
42	cello	첼로	췔로
43	cement	시멘트	써멘트
44	center	센터	쎄널(r)
45	centimeter	센치미터	쎄너미럴(r)
46	chain	체인	췌인
47	chance	찬스	챈스~
48	changed	체인짓	췌인쥐드
49	channel	채널	쵀널
50	chart	차트	촬(r)트
51	chaos	카오스	케이아스~
52	cheese	치즈	취~(z)즈
53	check	체크	췍
54	cherry	체리	췌(r)뤼
55	chip	칩	췹
56	chocolate	초코렛/초콜릿	촤클렅
57	circle	써클	썰(r)끌
58	circus	서커스	썰(r)꺼스~
59	coach	코치	코우취
60	coat	코트	코웉
61	coffee	커피	카(f)피
62	combination	콤비네이션	캄버네이션

63	comedy	코메디	카머리
64	computer	컴퓨터	컴퓨럴(r)
65	concert	콘서트	칸썰(r)트
66	concrete	콘크리트	캉끄(r)륍
67	condo	콘도	칸도
68	condom	콘돔	칸덤
69	cone	(아이스크림)콘	코운
70	couple	커플	커쁠
71	course	코스	코올(r)스~
72	court	코트	코올(r)트
73	curry	카레	커(r)뤼
74	curtain	커텐	컬(r)I은
75	cut	커트	컽
76	dance	댄스	댄스~
77	date	데이트	데잍
78	diamond	다이아몬드	다이여먼드
79	diet	다이어트	다이엍
80	doctor	닥터	닥떨(r)
81	documentary	다큐멘터리	다뀨메너(r)뤼
82	dome	돔	도움
83	donut	도나스	도우넡
84	Dove	도브(비누) (= 흰 비둘기)	더~브(v)
85	download	다운로드	다운로옫

86	drama	드라마	주(r)롸마
87	dress	드레스	주(r)뤠스~
88	drive	드라이브	주(r)롸이(v)브
89	drum	드럼	주(r)뤔
90	dry	드라이	주(r)롸이
91	Dunkin' Donuts	던킨 도너츠	덩낀 도우넡츠
92	elevator	엘리베이터	엘러(v)베이럴(r)
93	elite	엘리트	얼맅
94	energy	에너지	에널(r)쥐
95	engine	엔진	엔쥔
96	episode	에피소드	에뻐소웆
97	escalator	에스컬레이터	에스껄레이럴(r)
98	event	이벤트	어(v)벤(트)
99	film	필름	(f)피염
100	flash	플래시/후라시	(f)플래쉬~
101	focus	포커스	(f)포우꺼스~
102	fork	포크	(f)폴(r)크
103	gas	가스	개스~
104	gas range	가스 레인지	개스~ (r)뤠인쥐
105	gate	게이트	게잍
106	golf	골프	가아(f)프~
107	hall	홀	허얼
108	handbag	핸드백	핸배액

109	headlight	헤드라이트	헤엘라잍
110	headphone	헤드폰	헤엘(f)포운
111	heater	히터	히럴(r)
112	helicopter	헬리콥터	헬러캅떨(r)
113	hip	히프	힢
114	hit	히트	힡
115	home	홈	호움
116	hose	호스	호우~(z)즈
117	identity	아이덴티티	아이데너리
118	image	이미지	이미쥐
119	incentive	인센티브	인쎄니(v)브
120	intercom	인터콤	이널(r)캄
121	Internet	인터넷	이널(r)넷
122	interphone	인터폰	이널(r)(f)포운
123	interview	인터뷰	이널(r)(v)뷰
124	item	아이템	아이럼
125	jacket	자켓	좨낏
126	Japan	재팬	줘팬
127	jeans	진	쥐인~(z)즈
128	jeep	찝(차)	쥡
129	jelly	젤리	쥄리
130	jet	제트	쥍
131	jogging	조깅	좌깅

132	juice	주스	주스~
133	kilometer	킬로미터	컬라머럴(r)
134	kiss	키스	키스~
135	knife	나이프	나이(f)프~
136	knock	노크	낙
137	label	라벨	(을)레이블
138	lead	리드	(을)리읻
139	league	리그	(을)리익
140	leisure	레저	(을)리(ʒ)졀(r)
141	light	라이트	(을)라잍
142	lighter	라이터	(을)라이럴(r)
143	lipstick	립스틱	(을)립스띡
144	list	리스트	(을)리스트
145	liter	리터	(을)리럴(r)
146	lobby	로비	(을)라비
147	lotion	로션	(을)로우션
148	Lock & Lock	락앤락	(을)라 끈 락
149	magic	매직	매쥑
150	manager	매니저	매너졀(r)
151	mania	마니아	메이니야
152	mannequin	마네킹	매너낀
153	marathon	마라톤	매(r)뤄(θ)딴
154	mark	마크	말(r)크

155	mascot	마스코트	매스깥
156	mask	마스크	매스크
157	massage	마사지	머싸(3)쥐
158	mat	매트	맽
159	match	매치	매취
160	medical	메디칼	메러껄
161	melody	멜로디	멜러리
162	mic	마이크	마익
163	meeting	미팅	미링
164	message	메시지	메씨~쥐
165	meter	미터	미럴(r)
166	mink coat	밍크 코트	밍 코웉
167	minus	마이너스	마이너스~
168	miss	미스	미스~
169	mode	모드	모욷
170	model	모델	마럴
171	modem	모뎀	모우럼
172	monitor	모니터	마너럴(r)
173	mosaic	모자이크	모(z)제이익
174	motel	모텔	모테열
175	motto	모토	마로
176	mug	머그	머억
177	nano	(은)나노	내노

178	neon sign	네온 사인	니안 싸인
179	nightclub	나이트크럽	나잍클럽
180	Nike	나이키	나이끼
181	note	노트	노웉
182	notebook	노트북	노웉븍
183	nude	누드	누욷
184	oasis	오아시스	오에이씨스~
185	olive	올리브	알리(v)브
186	organ	오르간	오얼(r)건
187	organic	오가닉	오얼(r)개닉
188	open	오픈	오우쁜
189	opera	오페라	아뻐(r)롸
190	page	페이지	페이~쥐
191	paint	페인트	페인트
192	painting	페인팅	페이닝
193	panda	판다	팬다
194	panties	팬티	패니~(z)즈
195	Papa John's	파파 존스	파빠 좐~(z)즈
196	partner	파트너	팔(r)ㅣ널(r)
197	party	파티	팔(r)리
198	pattern	패턴	패런
199	pedal	페달	페럴
200	percent	퍼센트	펄(r)센트

201	piano	피아노	피애노
202	pink	핑크	핑크
203	pipe	파이프	파입
204	pizza	피자	피짜
205	plastic	프라스틱	플래스띡
206	pocket	포켓	파껫
207	point	포인트	포인트
208	poker	포카	포우껄(r)
209	pose	포즈	포우~(z)즈
210	poster	포스터	포우스떨(r)
211	project	프로젝트	프(r)롸젝트
212	queen	퀸	크윈
213	quick	퀵(서비스)	크윅
214	rabbi	랍비	(r)뢔바이
215	racket	라켓	(r)뢔껫
216	radio	라디오	(r)뢔이리오
217	record	레코드	(r)뢔껄(r)드
218	ribbon	리본	(r)뤼번
219	robot	로보트	(r)로우밧
220	rocket	로케트	(r)롸껫
221	rope	로프	(r)로웁
222	rotary	로타리	(r)로우러(r)뤼
223	salad	샐러드/사라다	쌜럳

224	sale	세일	쎄열
225	sausage	소세지/소시지	싸씨쥐
226	sauna	사우나	싸나
227	scarf	스카프	스깔(r)(f)프~
228	schedule	스케줄	스께줄
229	scooter	스쿠터	스꾸럴(r)
230	Scotch tape	스카치 테이프	스까취 테입
231	scout	스카우트	스까웉
232	screen	스크린	스끄(r)륀
233	scenario	시나리오	써네(r)뤼오
234	sedan	세단	쎄댄
235	seesaw	시소	씨싸
236	seminar	세미나	쎄머날(r)
237	sense	센스	쎈스~
238	service	서비스	썰(r)(v)비스~
239	set	세트	셑
240	sheet	시트	쉳
241	shampoo	샴푸	쇔푸
242	show	쇼	쑈우
243	shutter	셔터	셔럴(r)
244	shuttle	셔틀	셔를
245	siren	싸이렌	싸이(r)뤈
246	sitcom	시트콤	씻캄

247	skate	스케이트	스께잍
248	sketchbook	스케치북	스께취 븍
249	ski	스키	스끼
250	skin lotion	스킨 로션	스낀 로우션
251	skirt	스커트	스껄(r)트
252	slide	슬라이드	슬라이드
253	slipper	슬리퍼/쓰레빠	슬리뻘(r)
254	smog	스모그	스마앜
255	soda	소다	쏘우라
256	sofa	소파	쏘우(f)파
257	software	소프트웨어	싸(f)프웨얼(r)
258	soup	수프/습	쑾
259	spaghetti	스파게티	스뻐게리
260	speaker	스피커	스삐껄(r)
261	spelling	스펠링	스뻴링
262	sponsor	스폰서	스빤썰(r)
263	spoon	스푼	스뿌운
264	spring	스프링	스쁘(r)륑
265	spy	스파이	스빠이
266	stand	스탠드	스땐드
267	star	스타	스따알(r)
268	steak	스테이크	스떼잌
269	stereo	스테레오	스떼(r)뤼오

270	sticker	스티커	스띠껄(r)
271	stocking	스타킹	스따낑
272	stone	스톤	스또운
273	stop	스톱	스땁
274	stress	스트레스	스쭈(r)뤠스~
275	studio	스튜디오	스뚜리오
276	style	스타일	스따열
277	sunglass	선그라스	썬글래스~
278	sweater	스웨터	스웨럴(r)
279	switch	스위치	스위취
280	synergy	시너지	씨널(r)쥐
281	system	시스템	씨스떰
282	take out	테이크 아웃트	테이 까웃
283	tape	테이프	테입
284	tank	탱크	탱크
285	terminal	터미날	털(r)머널
286	tent	텐트	텐트
287	text	텍스트	텍스트
288	thrill	스릴	(θ)뜨(r)뤌
289	tight	타이트	타잍
290	tile	타일	타열
291	title	타이틀	타이를
292	toast	토스트	토우스트

293	token	토큰	토우끈
294	tomato	토마토	터메이로
295	ton	톤	턴
296	top	톱	탑
297	total	토탈	토우럴
298	touch	터치	터취
299	truck	트럭	추(r)뤅
300	trunk	트렁크	추(r)뤙크
301	tube	튜브	투웁
302	veil	베일	(v)베열
303	veteran	베테랑	(v)베러(r)뤈
304	video	비디오	(v)비리오
305	violin	바이올린	(v)바이열린
306	vitamin	비타민	(v)바이러민
307	volume	볼륨	(v)발륨
308	waiter	웨이터	웨이럴(r)
309	wax	왁스	왝스~
310	wedding	웨딩	웨링
311	whiskey	위스키	위스끼
312	zipper	지퍼	(z)지뻘(r)
313	zone	존	(z)조운

앗! 교수도 이런 적이!

제가 중고등학교 때 자주 탔던 지하철 2호선을 20년 후에 다시 타 보니 예전에 '구로공단'이었던 역 이름이 '구로 디지털'로 바뀌었더군요. 구로공단……. 아버지의 사업 실패로 중학교 3학년 시절을 구로공단에 살던 큰이모집에서 논현동 언북중학교까지 버스를 타고 다녔던 제가 어린 마음에 참 싫어하던 이름이었습니다. 종점이었기 때문에 '구로공단'이라고 크게 쓰여 있던 버스를 타고 다니는 게 너무 싫었죠. 뭐니뭐니해도 '공단'이라는 말이 참 싫었습니다. 아버지의 사업 실패로 이모집에 얹혀사는 것도 주눅드는데 하루아침에 공돌이가 된 것 같은 기분이 들어서였던 것 같습니다. 새로 바뀐 '구로 디지털'이라는 이름을 보면서, 문득 그때 구로공단이 '구로공단'이 아니고 '구로 디지털'이었으면 상처받았던 어린 마음에 조금이나마 위로가 되지 않았을까 하는 생각이 들었습니다.

'구로 디지털' 어감도 참 좋고 글로벌 시대에 살고 있는 우리들에게 '구로공단'보다 천배만배 적절한 이름입니다. 하지만 역시 digital이라는 영단어의 발음을 알맞게 표현하지 못한 것에 대한 아쉬움이 있습니다. 그런데 사실 미국영어 발음대로 표기를 하면 어감이 별로 좋지 않죠. '지'는 '쥐'로 바뀌고 모음 사이에 있는 t는 'ㄹ'로 발음되기 때문에 어감 좋던 '디지털'이 '디쥐럴'이 되고 맙니다. '디쥐럴', '디쥐럴' 아무리 생각해도 어감이 영 안 좋습니다. 저도 이미 '디지털'이라는 한국식 발음에 익숙해져 있기 때문에 '구로 디지털'을 '구로 디쥐럴'로 발음해 보면 웃음이 나오기도 하고 소름이 끼치기도 합니다.

'구로공단', '구로 디지털', 그리고 '구로 디쥐럴…' 어떤 것을 선호하시나요?

저게 바로 구로…
저 꼬부랑게 뭐지?
하하…
회장님도…
저게 바로
'디지털'
입니다.
구로
DIGITAL
Oh No!
디지털?
노노노…
정확한
발음! 흣
디쥐럴!
뭐, 뭐라카노?
니… 방금
욕했제?
뭐?
디져?
형님, 참으시랑께.
본토 발음이
그렁당께…
아무리
그래도…
영…

영어 듣기·발음
절대 매뉴얼